市民自治の育て方

～協働型アクションリサーチの理論と実践～

草郷 孝好 編著

関西大学出版部

はしがき

　本書は、関西大学経済・政治研究所の委託（2014年度 – 2017年度）を受け「市民自治力の醸成と向上を目指すアクションリサーチ（実践支援型研究）手法と実践知に関する学際的研究」をテーマとする研究班（市民自治力向上とアクションリサーチ研究班）の研究活動に基づいてまとめられた実践的研究に関する論考である。

　本研究の立ち上げは「時代の要請」といっても過言ではない。グローバル経済の進展によって激烈化する企業間競争、国益と国益あるいは国益と地域益のぶつかり合いによる対立の増加、国内で加速度的に進行する少子高齢化問題、都市 – 農村に代表される地域間格差の顕在化といった既存の社会システムを揺るがす不透明な要因の中で、私たちは、日々の生活を営んでいる。これらの問題は、間違いなくどれも大きなマクロの問題であり、一人の人間で対処できる種類のものではなく、地域、国、国際レベルでの対策が必要である。しかし、マクロな政策対応だけで、一人一人の不安が取り除かれ、生活におけるさまざまな問題が解決に向かい、生活改善が達成されていくわけではない。生活改善を確かなものとするためには、生活当事者である市民自身のミクロな行動変容に着目する必要がある。

　グローバル社会が当たり前になっていくと、これまでに付き合いの薄かった人々との交流の機会が増えていき、私たちの暮らす地域社会が変化していくことになる。政府の外国人観光客誘致策によって短期の滞在者が増えるであろうし、就職や結婚などを契機に長期で在住する外国人も増えるだろう。異なるバックグラウンドを持つ人との接点が増すことによって、地域社会のあり方や暮らし方はそのままではいられなくなる。異質なものを受け入れることで社会の多様性が進むのだが、多様性は社会の中に可能性と軋轢の両方を生むことが多い。新しい文化、知識、技能を持つ人との交流によって、物事に対する新た

(i)

な気づきや技能を生み出す可能性が生まれる。他方、何世代にもわたって築いてきた地域住民同士の暮らしの規範や慣習がうまくいかなくなったりする。そして、時には、これらの日常生活レベルの生活のあり方の見直しやルール変更などが必要になってくる。

このような時代の流れの中で、中央政府は、地域主導の地域づくりを目指し、地方創生戦略を打ち出し、地方自治体は地方創生計画を構想し、新たな取り組みを始めている。行政主導で、地域住民主体の地域づくりを進めることにも意味があるが、それだけで多様な価値観を持つ市民の生活をよりよいものとする地域社会を実現できるという保証はない。より重要なことは、地域は誰のものかを自覚し、自らが動いて創っていくという主体的市民が主導する自治を実現できるかどうかにある。それは、一人ひとりの市民が主体的に活き活きと充足感の高い生活を実現できる地域社会を育てることであり、そのような地域を育てていくためのカギや有効な方法について、具体的に掘り下げていく必要がある。

海外に目を向けると、市民自治を推進する国々では、「持続的な地方自治」や「市民が参画する地域社会の実践」という観点から、市民が主体的に自らの地域社会を構想し、実現するための歩みを進めている。代表的な取り組みとしては、アメリカ・シアトル市の持続するシアトル、オーストラリア・ビクトリア州のビクトリア地域指標プロジェクト、ブラジル・クリチバ市の環境先進都市などがある。

このような問題意識を持ち、本研究班は、学際的な観点から、社会の当事者である市民が自らの生活社会づくりに主体的に関わっていく市民自治力の醸成へのカギを探ることを目的として結成され、実践的研究としての協働型アクションリサーチに取り組んできた。本研究班は、実践的研究に関する公開研究会の開催を主たる研究活動と位置づけ、とりわけ、地方自治に関係するさまざまな具体的事例を取り上げ、市民自治のもたらす社会変革の可能性、市民自治実現に向けての課題を検討した。そして、市民自治と協働する実践的研究（ア

クションリサーチ）の可能性について意見交換を行い、同時に、各研究班メンバーが独自の実践的研究課題に取り組んできた。

　本書は、時代の変化に向きあい、新しい社会づくりに向けた協働型アクションリサーチの研究成果を共有するためにまとめられている。地域社会の当事者である市民主導で地域社会が発展する市民自治の実現を課題とし、社会開発、情報法、社会心理、建築、社会福祉と多岐にわたる研究分野の研究者が個々の研究課題への取り組みを共有するものである。

　まず、第1章では、本書の主題である市民自治と協働型アクションリサーチの概念と基礎理論に関する理解を深めるため、協働型アクションリサーチの必要性、定義、特色を紹介し、協働研究を推進する際に研究者が配慮すべき研究倫理について論じている。第2章では、本研究班が採用したテーマ別の研究会方式によって得られたアクションリサーチに関するさまざまな知見をもとにして、協働型アクションリサーチを実際に展開する際に、市民・行政・研究者という各ステークホルダーの役割やステークホルダー間の関係性に着目し、実践知形成のカギとなりうる要素を抽出している。第3章では、成熟社会におけるまちづくりの主体者の変容に目を向け、慣習的な色合いの濃い集団ルールを持つ地縁コミュニティを前提としたまちづくりではなく、個性的なまちづくりプロモーターによる地域拠点活動によってまちづくりの輪が広がっていく新しいスタイルの主体的コミュニティづくりの可能性と期待について論じている。第4章では、市民自治の発展に欠かせない行政の情報インフラ構築に着目し、今日、世界各国で進展するオープンデータ制度をとりあげ、日本における同制度が、「官民データ活用推進基本法」の制定をきっかけに、「基盤整備の段階」から「データ活用による課題解決の段階」へとバージョンアップし、市民による地域課題の解決に、より有効なツールとして働く可能性があることを示唆する。第5章では、災害後の地域コミュニティの内発的復興に着目し、被災後の地域コミュニティの現場におけるアクションリサーチ事例をもとにして、外部者との交わり方が当事者の力を引き出しうることと、その決め手として

の「よりそう」「つなぐ」「つたえる」「かんがえる」「そなえる」の要素を論じ
ている。第6章では、アクションリサーチが重視する当事者の内発性に焦点を
あて、コミュニティ開発の内発性の醸成と持続的な展開につながる新しい形の
リーダーシップの必要性を論じ、そのようなリーダーシップ育成を目指すコ
ミュニティ・オーガナイジング手法の導入と具体的な実践事例をもとにして、
自律的な市民の育成による市民自治の可能性について論じている。第7章で
は、市民主導の地域行政への転換を標榜する地方都市における市民と行政協働
のまちづくりプロジェクトの取り組みを取り上げ、協働型アクションリサーチ
が果たしうる役割と成果、課題について具体的に論じている。

　本書は、市民自治による社会づくりの実践に携わる研究者の取り組みを紹介
し、学際的知見を共有することによって、市民自治をどう育てていくのかの議
論と実践につなげていこうとするものである。本書を1つの契機として、今
後、協働型アクションリサーチのより一層の発展につながることを心から願っ
てやまない。

市民自治力向上とアクションリサーチ研究班

主幹　草　郷　孝　好

(iv)

目　　次

はしがき

第1章　市民自治を育てる協働型アクションリサーチ
　　　　〜必要性、定義、特色、可能性〜

草　郷　孝　好

1. はじめに ……………………………………………………………………………… 1
2. アクションリサーチの必要性 ……………………………………………………… 3
3. アクションリサーチの定義と特色 ………………………………………………… 8
4. 協働型アクションリサーチと市民自治力形成と向上の可能性 ……………… 13
5. 協働型アクションリサーチ：内発的コミュニティの質改善の実践 ……… 19
6. 協働型アクションリサーチの研究倫理 ………………………………………… 25
7. おわりに …………………………………………………………………………… 28

第2章　協働型アクションリサーチの鍵となる要素と実践知の抽出
　　　　〜アクションリサーチ研究セミナーの知見をもとに〜

草　郷　孝　好
上　田　一　紀

1. はじめに …………………………………………………………………………… 31
2. AR 研究班における公開セミナーの位置づけと全体像 ……………………… 32
3. 協働型アクションリサーチを特色づける5つの要素 ………………………… 36
4. アクションリサーチの「協働性」を特色づける5つの要素と実践知の形成 … 47
5. おわりに …………………………………………………………………………… 50

第3章　ひととまちの新しい関わり方
　　　　個人の活動を束ねる「まちづくり」

岡　　絵理子

1. はじめに …………………………………………………………………………… 53
2. コミュニティとは ………………………………………………………………… 55
3. 様々な地域コミュニティ ………………………………………………………… 56
4. まちと住民像 ……………………………………………………………………… 58
5. 現在社会のコミュニティ ………………………………………………………… 62
6. ひととまちの新しい関わり方 …………………………………………………… 66

第4章　オープンデータの活用と市民自治力の向上を考える
〜政府の「オープンデータ2.0」戦略と官民データ活用推進基本法などをてがかりに〜

松井　修視

1. はじめに ……………………………………………………………………… 69
2. オープンデータとは何か、その意義と目的 ………………………………… 72
3. オープンデータ制度をめぐるこれまでの動き ……………………………… 74
4. 「オープンデータ2.0」戦略の概要と、
   官民データ活用推進基本法の内容およびその存在意義 …………………… 78
5. 「世界最先端IT国家創造宣言・官民データ活用推進基本計画」と、
   地方公共団体における「官民データ活用推進基本条例」等の制定に向けて … 84
6. おわりに ……………………………………………………………………… 90

第5章　災害復興のアクションリサーチ
〜内発的な復興のきっかけとなる5つのツール〜

宮本　匠

1. はじめに―復興の主体形成― ……………………………………………… 97
2. よりそう―足湯ボランティア― …………………………………………… 99
3. つなぐ―被災地どうしの交流― …………………………………………… 101
4. つたえる―被災者がつくる災害記録集― ………………………………… 104
5. かんがえる―被災者による復興の評価― ………………………………… 106
6. そなえる―被災者がつくる防災教育教材― ……………………………… 110
7. 当事者の力を「おこす」……………………………………………………… 113

第6章　リーダーシップのアクションリサーチ
〜コミュニティ・オーガナイジングの実践を参考に〜

室田　信一

1. なぜリーダーシップを研究するのか　― 問題意識と背景 ……………… 117
2. リーダーシップの実践としてのコミュニティ・オーガナイジング ……… 121
3. リーダーシップの実践とコーチング ……………………………………… 129
4. ケーススタディー …………………………………………………………… 135
5. まとめ　― リーダーシップをリサーチするとはどういうことか ……… 141

第7章　協働型アクションリサーチの実践事例
〜ながくて幸せのモノサシづくり〜

草郷　孝好

1. はじめに ……………………………………………………………………… 147
2. 愛知県長久手市のながくて幸せのモノサシづくり ……………………… 148
3. 協働型アクションリサーチにおける研究者の役割 ……………………… 154
4. 協働型アクションリサーチの成果〜ながくて幸せ実感調査隊メンバーの気づき〜… 156
5. おわりに ……………………………………………………………………… 157

第1章　市民自治を育てる協働型アクションリサーチ
～必要性、定義、特色、可能性～

草　郷　孝　好

1. はじめに
2. アクションリサーチの必要性
3. アクションリサーチの定義と特色
4. 協働型アクションリサーチと市民自治力形成と向上の可能性
5. 協働型アクションリサーチ：内発的コミュニティの質改善の実践
6. 協働型アクションリサーチの研究倫理
7. おわりに

1.　はじめに

　市民社会の発展には、市民自治の力がどの程度形成されているのか、市民自治が個々の社会運営にどのように関係し、また、機能しているのか、に着目する必要がある。この視点に立ち、本書は、実践的研究手法の一つである協働型アクションリサーチが市民自治力の形成や向上にプラスの効果をもたらすことを論じるものである。そこで、本章では、「協働型アクションリサーチ」の定義、意義、必要性への理解を深めるため、アクションリサーチの基礎的理解、協働型アクションリサーチの定義と重要性、協働型アクションリサーチを展開する際に留意すべき研究倫理について論じる。

　アクションリサーチは、実践的研究手法の一つとして、国内外において、認知されてきた。欧米では、アクションリサーチに関するハンドブック（Reason and Bradbury, 2001; Rowell, Bruce, Shosh, Riel, 2017) やアクションリサーチの手法（Stringer, 1999）に関する総合書がいくつか発行されており、アクションリサーチという新しい研究手法の必要性と定義、アクションリサーチ手法の構築と実践などについての研究が進みつつある。また、アクションリサーチの社会実践への応用事例も確実に広がりを見せており、アクションリサーチの実践と知見の蓄積と共有が始まっている。

　日本国内においても、2015 年 1 月に、科学技術振興機構（JST）が「持続する社会の実現に向けた科学のあり方」をテーマにした国際シンポジウムを主催し、社会発展に資する技術に関しての議論を行った。そして、学際的研究では不十分であり、社会の当事者（市民、企業、NPO）との協働を核とするトランスディシプリナリー研究を推進する必要性が確認された。このシンポジウムにおいて、筆者は、市民と協働するアクションリサーチの意義と可能性について論じた所、アクションリサーチの可能性への関心と共感を得ることができた。参加者の多数は、最先端技術の社会実装に重きを置く自然科学者と工学研究者であったことから、社会科学以外の分野からアクションリサーチへの前向きな反応を受けたことに、大きな意味を感じ取ることができた。社会実践に活用できる研究手法として、アクションリサーチの中身を整理し、その理解を深め、市民社会の直面するさまざまな課題に活用できるようにしていくことが求められている。

　そのためには、市民社会の発展に資する実践的研究であるアクションリサーチの基礎的理解が欠かせない。すでにアクションリサーチの定義や具体的な研究手法についての論考があるが、その多くは、学校教育（佐野 , 2005）や福祉サービス（筒井他 , 2010）の分野における実践現場に関係するものである。近年では、自然災害や人的災害の打撃を受けた地域において、コミュニティの復興過程に関わる住民と協働するアクションリサーチ（宮本・草郷 2014）の取り組みも見られるようになった。しかし、復興や再生という社会の存続を揺るがすような特殊な状況にない地域社会においても、市民自治力の向上を求める

第1章　市民自治を育てる協働型アクションリサーチ

ことが当事者による多種多様な地域社会課題の解決や地域社会の持続的な発展につながることを理解しておく必要がある。そこで、本章では、地域社会の当事者である市民主体の協働型アクションリサーチに焦点をあて、アクションリサーチの必要性と定義、協働型アクションリサーチの位置づけと特色、そして協働型アクションリサーチの実践における研究倫理について論じる。

2.　アクションリサーチの必要性

実践的研究手法であるアクションリサーチは、現代社会において、なぜ必要とされるようになってきたのだろうか。また、アクションリサーチは、どのように発展してきたのかを概観してみる。

2.1　現代社会におけるアクションリサーチの必要性

アクションリサーチは、当事者と研究者が協働して、特定の社会問題に向き合い、その問題の解決のために、関係者が協働して行う調査から改善への一連の研究活動を指す。つまり、調査によって問題の所在を明らかにし、次に、その問題を解決するための具体策を検討する。そして、具体策を実際に適用し、その結果を関係者が協働して検証することで、対策の成果と課題を詳らかにし、更なる改善を目指していくという一連の実践的研究手法である。本書が注目する地域コミュニティに焦点を絞れば、常に変化していく地域社会の中で生じるさまざまな市民生活に関する問題に対して、個々の問題の当事者である市民・行政・地域企業・NPO などが研究者とともに、調査によって当該問題の内容を把握し、調査結果をもとにして、当事者と研究者が協働チームとして対応策を検討し、それを実行する。そして、その対応策の有効性について、当事者と研究者チームが協働して検証し、検証結果をもとにして、対応策の修正などを行い、当該問題の解決に向けてよりよい成果を導こうとする実践的調査活動である。

(3)

具体的にどのような問題が実践的研究を必要とするのだろうか。人口減少局面にある日本社会では、国内製品の購買力を高めるための政策が優先的に採用されているが、その中でも、外国人訪問者増加のための施策が重視されている。その結果、外国人観光客や外国人労働者数は増加している。日常生活の中で、外国人と接点を持つ人は着実に増えており、日々の生活を変化させることがある。外国人は、日本語を自由に扱うことのできない人が多く、日本人住民と容易にコミュニケーションを取ることができないという生活現場における新たな問題が生じている。

　学校教育の現場を見てみよう。日本語能力が十分ではない生徒や外国暮らしの長い生徒が増えてきている現在、学校は、言葉も文化的背景も異なる外国籍の児童や生徒への学習指導、クラス運営、そして、いじめなどの問題への対応も、従来のように、日本語を話し、日本社会の慣習になじみのある生徒だけを相手にしていた時のやり方から変えていかざるを得ない。問題は、多様なバックグラウンドを持つ児童や生徒とどう向き合うのか、教育指導要領を逸脱せずに、画一的ではない教育をどう展開するのか、日本語能力に欠ける保護者とのコミュニケーションをどのようにして取っていくのか、など多岐にわたり、付け焼刃では対応しきれないものばかりである。効果的な学校運営、教育方法を提示されたとしても、教員と生徒の組み合わせにおいて、二つとして同じクラスは存在しない。言い換えれば、個別のクラス、学校において生じる問題にどのように取り組み、クラスや学校運営を改善していけるかは、現場において問題解決への取り組みをどのように実践していくかにかかってくる。そのような実践を教員だけで担うのではなく、クラスや学校教育の当事者である生徒、生徒の生活や学習環境を支える保護者や近隣住民との連携と協働も重要になるのである。

　外国人が増えてきているのは、教育現場だけではない。国内の人手不足解消のため、経済連携協定に基づく外国人看護師・介護福祉士の受け入れが始まっている。そして医療や老人介護サービスの現場において、これまでにはない対

応が必要となってきている。たとえば、介護現場において、日本人と外国人の看護師や介護福祉士の間で、言葉や文化の違い、外国と日本の労働システムの違いなどを踏まえて、どのようにしてチームワークを組み立てていくのかという課題である。また、介護サービス事業者は、介護サービスを受ける要介護者に対しても、外国人看護師や介護福祉士に対する見方や態度に敏感でなくては務まらない。サービスの担い手と受け手の双方で、これまでにない対応力や工夫が求められる。そして、これらの課題をどう克服するのかは、学校の現場と同様に、医療や介護サービスの現場において、当事者や研究者が協働して対応を検討し、実践していく必要がある。

　このような新たに生じてきている社会変化にどのように対処していくのかであるが、残念ながら、過去に蓄積されてきたデータや知見に基づく学校や医療現場における対応策の延長線上で有効な解を見つけることは容易ではない。なぜなら、従来の取り組みやデータは、同質性の高い日本人グループを前提として構築されたり、蓄積されてきたものであり、前提条件が大きく変わってしまうと、既に有効性が確かめられてきた実践活動も機能せず、下手をすると、クラス内や職場において、対立や分断させるような事態になりかねない。

　つまり、外国人とともに学び、また、ともに働く現場においては、新たな課題が生まれる可能性が高く、課題の中身の把握には十分な時間をかけて行い、学校では、外国人生徒と日本人生徒が双方に納得できる教育を受けることができ、医療現場では言葉や文化の壁を乗り越えて仕事を行い、医療や介護サービスの質が高まることを目指して、そのための有効策を模索し続けなくてはならない。これまでにない課題への対応策を見いだすには、当事者だけの知識や経験だけで対応しきれないこともある。そこで、当事者が問題の本質は何かを把握し、その問題への対応策を検討するためには、協働実践の経験を有する実践的研究者（アクションリサーチャー）との協働が意味を持つ。新しい課題に直面する当事者とともにその課題に向き合い、課題の把握からその改善に至るまで、協働していく研究活動が必要とされるのである。

(5)

アクションリサーチとは、個々の問題ごとに異なる当事者によって展開される問題解決を促す「プロセス」重視の一連の実践的研究活動を指しており、アクションリサーチを用いることによって、当事者自身がその問題解決の道筋を探り、問題解決の進捗状況の度合いを測りながら、自省を積み重ねつつ、持続的な問題解決の追求を支援していく研究手法であるといえる。

2.2　アクションリサーチの起源と展開

　そもそも、アクションリサーチは、なぜ、どのようにして、またいつごろ登場したのだろうか。アクションリサーチで取り扱う領域は医療現場、教育現場、生産現場をはじめとして実に幅広い。研究領域としては、コミュニティの社会心理、地域福祉、地域医療、教育現場、経営組織などの分野が挙げられるが、それぞれの学問分野で磨かれてきた学問体系のなかで、社会の質を高めていくための実践的研究手法が考究、構築、実践され、それらが今日のアクションリサーチの系譜を成している（Herr and Anderson, 2005）。

　先に述べたように、アクションリサーチが求められる社会問題とは、一つの専門分野の研究者だけで有効な対策や活動を見出していくことが難しく複雑なものが多い。新しい課題に対しても、福祉、教育、医療、心理、社会、経済などの個別の専門分野ごとに構築され、精緻化されてきた理論に基づいて、問題の仮説検定を行う「実証主義」アプローチによって、当該問題の要因や結果分析をおこなうことができるかもしれない。しかし、この単一の専門分野に依拠した実証アプローチだけで、複雑な社会問題への対応策や解決策を見出し、それらの効果を検証し、改善していくのは容易なことではない。社会実践改善につなげるためには、複数の領域にまたがる複眼的視点を持つことが求められ、いわば実践現場のニーズによって発展してきた調査研究手法が必要となる。そのような手法として、アクションリサーチは生成され、さまざまな実践活動のもつ動的変化を把握する手法、分析する手法、評価する手法、実践活動そのものにフィードバックする手法などから成り、社会で展開するさまざまな実践活

(6)

動の改善につなげていく研究手法として発展してきたのである。

　アクションリサーチの歴史を詳説することは困難であるため、ここでは起源について、その概略を紹介しておくこととする。

　まず、1940年代にグループダイナミックスの礎を築いたクルト・レヴィンの研究がアクションリサーチの開祖にあたる。レヴィンが着目したのは、いわゆる一つの社会における異なる社会グループ間の共生に関する課題であった。学術研究の対応であれば、社会システムのあり方や社会内の力関係の問題として取り上げて論じることになるのであろうが、レヴィンは、むしろ、当事者の視点で、問題そのものの根本的な改善を目指すことに力を注いだ。Tグループ（トレーニンググループ）手法を編み出し、問題の当事者同士が特定の問題に向き合い、その解決方法を構想し、実践につなげていくという循環するプロセスの原型を組み立てたのである。社会変革を重要視したレヴィンの取り組みこそ、その後のアクションリサーチの発展に大きな功績をあげたとされる（Reason and Bradbury, 2001; Herr and Anderson, 2005）。実際、レヴィン自身も、アクションリサーチとは、社会実践活動の状況や影響に関する分析をおこなうことで、次なる社会変革につなげていく研究活動であると述べている（Lewin, 1946）。

　また、レヴィンの同時代に、独立して、アクションリサーチを主唱したのは、ジョン・コリアー（John Collier）である。人類学者のコリアーは、社会福祉や教育のあり方を個々のコミュニティの論理の中で考えていくべきであるという立場を取り、個々の実践現場の固有性を重視した（Munn-Gidding and Winter, 2001）。

　アクションリサーチの発展に影響を与えてきた研究者を挙げるとすると、実践的教育哲学を主導し、アクションリサーチ形成に大きな影響を与えたアメリカのジョン・デューイ（John Dewey）、教育実践の向上を目指したアメリカのスティーブン・コリー（Stephen M. Corey）、途上国の識字教育と人間開発を展開したブラジルのパウロ・フレイレ（Paulo Freire）、教育現場の改善に

取り組んだイギリスのローレンス・ステンハウス（Lawrence Stenhouse）らである（Anderson et al., 1994）。

　たしかに、異なる専門領域において、社会実践、あるいは、社会に役立つ研究に取り組んできた研究者たちの努力によって、アクションリサーチが社会的認知を高めてきたといえる。しかし、アクションリサーチの発展の基盤には、長い歴史のなかで、数多くの人々が日常生活の中で多くの壁にぶつかりながらも、その壁を取り除くための社会改善にかける情熱と膨大な数の記録に残らない試行錯誤がある。つまり、研究者のみが主導してアクションリサーチができあがったわけではなく、社会実践と社会的要請があって、アクションリサーチは生まれ、育てられてきたのである。

　筆者は、研究者と実践者の視点をよく理解し、実践的研究の発展に大きな功績を残してきたのは、KJ法を開発した川喜田二郎を日本におけるアクションリサーチの草分けの一人であると考える。川喜田は、アクションリサーチという言葉に言及することはなかったが、KJ法を彼自身の研究調査課題の重層的理解を深めていくための思考支援ツールとして開発し、進化させた。そして、大学を辞し、自ら移動大学を主宰することによって、KJ法の普及と実践に務めた。川喜田は、民主的な社会を構築するために必要なことは、当事者の主体性と創造性にあると考えた（川喜田 1993）。つまり、当事者主導の実践活動こそ、社会の改善につながること、そして、KJ法によって、多様性の軸を正面から捉えなおすことで社会の質を高め、持続させることが不可欠であると考えた。これらは、レヴィンをはじめとするアクションリサーチを形作り、発展させてきた研究者たちが志向した実践性、内発性、社会改善と共通する実践哲学といえる。

3. アクションリサーチの定義と特色

　アクションリサーチに関する基礎的理解を深めるために、アクションリサー

チの定義と特色について概観し、また、アクションリサーチを活用することによって生じうるメリットとデメリットについて考えてみる。

3.1　アクションリサーチの定義

　アクションリサーチは、異なる学問分野ごとに、さまざまな理由や経緯から徐々に形作られて発展してきたため、その定義も1つだけに集約されていない。そこで、アクションリサーチの形成と発展に重要な役割を担ってきた心理学、教育学、組織論に絞り、各分野で、アクションリサーチに取り組んできた研究者による定義を紹介する。

　心理学者のマッカーナンは、「アクションリサーチとは、社会環境の中で、実践者自身の問題解決のための自省による問題解決の一手法である」と定義している（McKernan , 1991）。また、教育学者であるケミスとマクタガートは、「実践活動の当事者による自省プロセスに加えて、実践に関与するさまざまな当事者間の『協働』なくしては、アクションリサーチとはいえない」と説明している（Kemmis and McTaggart, 1982）。教育学者であるエリオットとケインズは、「ある社会状況について、その状況を内部から行動で改善するという意図を持ちながら実行する調査である」と定義する（Elliot and Keynes , 1991）。さらに、組織論の分野では、アーギリスとショーンは、「アクションリサーチとは、『介入社会実験』を伴うアクション科学（action science）であること」を強調している（Argyris and Schon, 1978）。また、著者自身も、次のようにアクションリサーチを定義している。

　　アクションリサーチとは、組織あるいはコミュニティの当事者（実践者）自身によって提起された問題を扱い、その問題に対して、研究者が当事者とともに協働で問題解決の方法を具体的に検討し、解決策を実施し、その検証をおこない、実践活動内容の修正をおこなうという一連のプロセスを継続的におこなう調査研究活動のことを意味する（小泉・志水編（2007）254-255 ページ）

このように、アクションリサーチに関わる研究者自身が軸足としている専門分野や領域が異なることから、その定義づけの表現やポイントの置き方に差異が見られる。しかし、これらの定義に共通しているのは、「アクションリサーチは当事者の力づけによって社会実践の改善を目指すための一連の研究活動である」という点であり、アクションリサーチを推進することで、一連の協働活動に携わるメンバーや組織の力づけ（エンパワメント）とともに持続的な課題解決に向かうことを示唆している。

3.2　アクションリサーチの特色

　実践的研究手法であるアクションリサーチの特色は、どのようなものであろうか。取り組む課題によって異なる面もあるが、ここでは、2つの共通点を記しておきたい。

1）社会進化を志向する現場主義

　社会改革への関心から、社会の諸課題に向き合い、研究に基づく知見を社会実践に還元していくのがアクションリサーチである。このことから、グローバル化の進展とともに社会構成員が多様化し、問題が複雑化する現代社会において大きな期待が寄せられている。とりわけ、人々の生活基盤を左右する学校教育、社会教育、医療、介護、まちづくりなどの分野において、アクションリサーチ導入への関心が高まっている。アクションリサーチは、研究者と当事者（実践者）が二人三脚で、お互いの知見を生かし、実践活動に移すことで、社会発展を追求するという実践的研究であり、いわば、「知識共有と実践連動型の社会進化アプローチ」と言うことができ、既存の研究手法とは一線を画すものである。つまり、アクションリサーチは、実践活動の改善を通じての社会変容（social change）を視野に入れた研究手法なのである。社会変容あるいは社会進化を意識に入れているという点は、政治的な中立性を重んじてきた従来型の実証研究アプローチには見られない特色であり、実践の現場においてこそ、その価値が大きくなる研究手法である。

第1章　市民自治を育てる協働型アクションリサーチ

2）学際的視座の必要性

　アクションリサーチは、学際性を特色とした社会実践直結型の研究活動である点も大きな特徴である。前述してきたように、アクションリサーチは、実践活動の改善を最大の目標に置いて活動する研究手法であり、研究者が実践者と協働するパートナーとなり、密接に、課題や実践内容の検討や評価を行う。そのためには、実践の内容を多面的かつ複眼的に分析・考察し、実践活動の改善方法を実践者の視点から提案し、また、実践活動の評価方法やフィードバックの方法の吟味や選定をしていくことが求められる。たとえば、外国人子女教育の指導実践に関する課題への取り組みであれば、日本語教育の専門家、教育カリキュラムの専門家、外国人の言葉や文化の専門家、カウンセラーなどがアクションリサーチに参加する必要も出てくる。アクションリサーチは、狭い専門分野の中で構築されてきた高度な専門理論の検証のためにあるのではなく、現在進行形で取り組むべき課題の改善を最優先事項とする手法である。したがって、アクションリサーチは、深く狭い専門性の融合よりも、浅く広く異なる専門性の知見を活用するという学際的視座が求められるのである。（Reason and Bradbury 2001; Herr and Anderson 2005）。

3.3　アクションリサーチのメリットとデメリット

　アクションリサーチは現代社会が抱える課題や実践活動の改善や社会発展を目指しておこなうものである。アクションリサーチの成果は、社会実践の現場において、より平易でより個別性の高い形で当事者（実践者）に適宜共有され、そのまま実践現場で生かされる類のものであり、幅広く社会改善をもたらしうる研究手法であることがメリットの一つである。また、アクションリサーチは、研究者と実践者との協働作業によって推進される手法である。したがって、アクションリサーチを推進することによって、その過程で、研究者自身は、「実践」への理解を深めていくこととなるであろうし、他方、実践者自身は、実践をどのように改善していくのかを考える研究手法への理解が深まると

（11）

考えられる。つまり、アクションリサーチは、実践活動に関わる研究者と当事者双方の力づけ（エンパワメント）を期待できるというメリットがある。また、アクションリサーチに取り組む研究者や実践者の間で、個別事例を超えた知識や経験の共有がなされれば、広く社会改善を促すことも期待できる（Rossman and Rallis, 2003）。

　一方デメリットとしては、アクションリサーチの研究成果への「信頼性」の問題が挙げられる。アクションリサーチでは、研究に携わる研究者自身が実践活動そのものに関わりを持つこととなるため、研究者の中立的視点を失う危険性があり、結果的にバイアスのかかった研究となるリスクがある。実際、このリスクを理由として、頑迷にアクションリサーチを否定してかかる研究者も数多く存在する。したがって、アクションリサーチの学術研究発表の機会も限られているのが現状である。結果として、研究者のなかには、社会的貢献の可能性を十分に認めながらも、研究手法としてアクションリサーチの活用をためらったり、大学院生に対してはアクションリサーチでは学位は取れないとアドバイスする場合すらある（Herr and Anderson, 2005）。ただ、最近では、アクションリサーチの社会的要請が高まりを見せていることが追い風となり、アクションリサーチを前面に打ち出した学術雑誌、Action Research（SAGE）、Educational Action Research（Taylor & Francis）などが刊行されており、研究報告発表の場が徐々に増加してきていることは評価できる。

　アクションリサーチは、社会実践とともに存在する研究手法であることから、長期間にわたって、フィールド実践活動とつながりを持ち続けることが必須である。そのためには、フィールドにおける研究資金を用意しなければならない。研究資金の確保は、研究継続に欠かせないが、容易なことではない。

　また、アクションリサーチは、現存する実践活動との関わり合いによって推進されるものである。そのため、実践当事者組織（コミュニティ、企業など）内の力関係によって、アクションリサーチの中身が大きな影響を受ける危険性もある。たとえば、アクションリサーチにもとづいて提案された新しい実践活

動に対し、組織の上層部が反対の立場を取れば、提案を採用しない場合や提案内容を大幅に修正させる場合もありうるのである。つまり、アクションリサーチのデメリットとして、政治的な影響を受ける可能性が常にあるという点をあげておかなくてはならない。

4. 協働型アクションリサーチと市民自治力形成と向上の可能性

アクションリサーチは、日常生活の当事者である市民の生活改善を目指す実践的研究である。本書は、「協働型アクションリサーチ」に着目し、市民自治力を高めて、持続的な社会発展を実現していくためのカギを掘り下げていく。そこで、現代社会において、なぜ協働型アクションリサーチが必要とされ、有用であると考えるのかについて、潜在能力アプローチと内発的発展の概念をもとに概説する。

4.1 経済的豊かさから包括的豊かさ重視へ：潜在能力アプローチの社会実践

社会生活改善の度合いを測る指標として、経済生産の規模と拡大を示すGDP（国内総生産）が活用されてきたが、果たして、それが市民の生活状態の良し悪しを適切に反映しているのだろうか。内閣府は、平成 20 年度の国民生活白書（内閣府）の中で、1990 年代以降、アメリカの経済学者イースタリン（Easterlin, 1974）が指摘した「一つの国や社会においては、ある所得水準を超えると、それまでは、所得向上と満足度の間に見られた正の相関関係が見出されなくなり、経年の所得向上が必ずしも生活への満足度を高めるわけではない」という幸福のパラドクス状態にあることを明らかにした（内閣府，2008）。つまり、市民生活全般の良し悪しを評価するために、GDP では不十分であることが示唆されている。

では、市民の主観的な生活への満足度はどのようなものだろうか。あなたは、自分の幸福度がどれくらいなのか、考えてみたことがあるだろうか。内

(13)

閣府が全国を対象に実施した調査（平成 21 年度国民生活選好度調査）の中に、次のような質問がある。「現在、あなたはどの程度幸せですか。『とても幸せ』を 10 点、『とても不幸』を 0 点とすると、何点くらいになると思いますか」この時の調査結果によれば、日本人の幸福度の平均は、10 点満点中約 6.5 点であった。「人々の幸福」はどのようなことに影響されるのだろうか。同調査には、「幸福感を判断する際に、重視した事項は何ですか」という質問もあり、「健康状況」「家族関係」「家計状況（所得・消費）」がトップ 3 に挙げられていた。幸福度は高いに越したことはないのかもしれない。では、「幸福度の高い人がたくさん住んでいる地域は幸福な地域」といえるのか、といえば、実はそうでもない。アメリカの社会学者エド・ディーナー（Diener and Biswas-Diener, 2008）はインドのスラム地区住民を対象にして幸福度調査を行った。その研究によれば、スラム住民の幸福度の点数は、想定された水準よりも高いものであった。なぜ、幸福度が低くなかったのだろうか。スラムのように劣悪な生活環境の中にあるとしても、それがごく普通に当たり前のことと思っている人には、生活状態がその人の幸福度の点数づけにほとんど影響しないようになってしまうからだという。

　では、「幸せな人が多く住んでいる地域なら、そこは幸せな地域」とは必ずしもいえないのなら、一体どのような社会を「幸せな地域」というべきか、それを考えてみる必要がある。そこで、まず、「幸せ」の意味を考えてみたい。「幸せな人」というときの「幸せ」の意味は、英語の「ハッピネス（happiness）」にあたるものであり、これは、お金持ちである、おいしい食事、友人との会話、家族の時間、くじに当たった、などによって左右され、常に移ろいやすく、変わりやすい個人特有のものを意味する。ところが、「幸せな町や地域」で使われる「幸せ」の意味は、英語の「ウェルビーイング（Well-being）」、つまり、住んでいるまちや地域の「健康」の意味に近い。では、「地域の健康」とは、どういうことを意味するのだろうか。

　「地域の健康」について、1998 年にノーベル経済学賞を受賞したインド人経

済学者アマルティア・セン（Sen, 1985）は、次のように言う。健康なまちや地域では、そこで生活する人は、自分の持つ潜在的な能力を伸ばす機会に数多く恵まれる。そして、異なる選択肢の中から、充足感の高い生き方を歩んでいくために自己選択できるようになる。健康な地域とはそういう社会のことである、と指摘する。つまり、高い幸せを感じる住民数が多ければ幸せな社会になるわけではなく、むしろ、健康なまちや地域創りあげることによって、そこで生活する人が生活や人生を幸せな生き方を手に入れやすくなるということなのである。たとえば、足に障がいを持つ人が生活する地域によって生き方が変わるのかどうかを考えてみよう。足の不自由さに関係なく、誰もが自由にまちの中を移動できるように法律や社会制度が整備され、道路などのインフラ整備やバリアフリーのバス導入ができている地域とそうでない地域では、この人にとっての日常生活の活動範囲の幅、仕事場の選択肢の数、図書館などに行くことで得られる文化的生活の機会など、さまざまな面で、大きな生活上の格差が生まれてしまう。つまり、人は、どのような社会で生活できるのかによって、一人ひとりの生活や人生の可能性の幅が大方決まってしまう可能性が高い。したがって、すべての人々が健康で文化的な生活を営むためには、経済的基盤、社会的参加と権利、政治的参加、知識文化の機会の保障、そして環境面の保全がなされているまちや地域づくりを目指し、そのような地域を増やしていくことであるといってもよい。

　幸せな人を増やすためには、一人ひとりに向き合うことだけでは十分ではなく、むしろ、生活の場であるまちや地域のあり方や状態にこそ目を向けていき、健康な地域を創り上げることが重要なのである。そして、肝心なことは、実際に、健康なまちや地域づくりを地域に根を張る生活当事者の市民が、自らの持つ能力を活かしつつ、主体的に協働することで、実現していくかどうかがカギとなってくる。

　センの提唱する潜在能力アプローチは、一人一人の人間の持つ機能と能力を引き出すことで、よく生きるための選択が可能となる社会の構築を目指す考え

方である。平均的人間像に依拠するのではなく、個々人の機能の完備性のばらつき、能力の多様性に目を向けることで、個々の達成しうる厚生水準をどのような状態にあるのか、また、何ができるのかという個別状況を中心に据えて、個々人の厚生を高めうる社会を構想する。つまり、構想される厚生のあり方は、1つの標準的なパターンに収斂されるものでは決してなく、個人の実現しうる生き方とその結果として達成しうる多様な生き方の選択を可能とする社会づくりを目指していくことにあるとしている。

　センは、ロールズ（1999/2010）のいう社会的基本財にも着目しているが、それだけで十分であるとみなしてはいない。社会的基本財は、すべての個人が自らの理想的な生き方の追求を可能ならしめるために必要な最低限の満たされるべき財・サービスの公正な分配を目指すものである。しかし、万人への最低限の生活保障となる公正な分配だけでは、個々人がよりよい生き方を目指すことを保証しない。潜在能力アプローチによれば、より重要なことは、社会的基本財をベースとしながら、個々の持つ個性や能力を活かし、よりよい生活実現につながる生き方の選択が保証され、自由に選択できることであると指摘する。センは、潜在能力アプローチによって、地域の健康の意味を個々人のウェルビーイングに関連させて論じたのである。

　哲学者のマーサ・ヌスバウムも、独自の視点から潜在能力アプローチを提唱している。ヌスバウムの思想の根底には、アリストテレスの最高善（Eudaemonia）への傾倒がある。ヌスバウムは、「善く生きる」ために潜在能力アプローチの重要性を主張する。センと異なり、ヌスバウムの潜在能力の考え方（Nussbaum 2000/2005, 2011）は、具体的である。ヌスバウムによれば、潜在能力とは、(1) 生命、(2) 身体的健康、(3) 身体の保全、(4) 感覚・想像力・思考、(5) 感情、(6) 実践理性、(7) 連帯、(8) 自然との共生、(9) 遊び、(10) 環境のコントロールの10の項目から成り立つとする。

　さらに、ヌスバウムは、潜在能力を3つの段階に区分している。まず、人間が生まれながらに持つ基本的ケイパビリティ、それを個人レベルで高度化して

いくプロセス（教育、知識拡充など）によって達成する内的ケイパビリティ、そして、個人の内的ケイパビリティを活かし、様々な生き方の選択肢の中から、善き生き方を結実しうる道を選ぶことのできる社会環境を結合的ケイパビリティの発現としている。潜在能力アプローチでは、個人の機能や能力の発現のためには、個人の主体性に加えて、生活する場である社会そのもののあり方、すなわち地域の健康が重要なのである。

　つまり、センとヌスバウムが提唱する潜在能力アプローチから示唆されるのは、人々の生活改善を目指すためには、所得向上の実現だけを目指すだけでは明らかに不十分であり、より重視されるべきは、個人と社会の両面において、経済的基盤、社会関係資本、知識や思考の深化、心身の健康、環境保全などの諸側面において社会発展を目指していくことにある。

　先に挙げた教育現場や労働現場における課題に見られるように、個人と社会の両面から問題に取り組むという大きな視座を持つこと、また、改善策を見いだすためには、当事者が自らの意志で問題解決に取り組むという主体性と内発性が必要不可欠なのである。

4.2　内発的発展とアクションリサーチ

　内発性がなぜ重要なのかに関しては、鶴見和子（1996）の内発的発展論の考え方に触れておく必要がある。鶴見は、欧米型の先進国社会発展のあり方と対比して、後発国の社会発展論について論じ、パーソンズの単線的社会発展論の類型化に対峙させ、社会発展のあり方を別の角度から定義している。単線的な社会発展論では、欧米の先進国は、産業化によって近代化を一早く達成したとされ、その過程において、自らが目指す型（模式・モデル）を持ち、自立的内発型の社会発展を遂げていったとされる。これに対して、いわゆる後発国の近代化は、先進国（西欧モデル）の模倣による外発的な発展であるとされる。そこには、後発国は自立的発展モデルを持ち合わせていないという考えが基底にあるとした。鶴見が単線型社会発展モデルを批判するのは、後発国であって

も、自立型の内発的社会発展を構想し、内からのモデル創出の可能性を重視していたからであった。鶴見は、内発的発展とその創出について、次のように記している。

　　内発的発展とは、目標において人類共通であり、目標達成への経路と創出すべき社会のモデルについては、多様性に富む社会変化の過程である。共通目標とは、地球上すべての人々および集団が、衣食住の基本的要求を充足し人間としての可能性を十全に発現できる、条件をつくり出すことである。それは、現存の国内および国際間の格差を生み出す構造を変革することを意味する。そこへ至る道すじと、そのような目標を実現するであろう社会のすがたと、人々の生活のスタイルとは、それぞれの社会および地域の人々および集団によって、固有の自然環境に適合し、文化遺産にもとづき、歴史的条件にしたがって、外来の知識・技術・制度などを照合しつつ、自律的に創出される。したがって、地球的規模で内発的発展が進行すれば、それは多系的発展であり、先発後発を問わず、相互に、対等に、活発に、手本交換がおこなわれることになるであろう。（鶴見和子 1996, 9 ページ）

　鶴見は、社会の構成メンバーが主体的に社会発展を担っていく過程を内発的な発展と呼び、日本の熊本県水俣市の自然破壊から再生への運動、タイの仏法社会主義と農村自助運動、中国江蘇省の小城鎮工業化という内発的地域発展事例を紹介した。それらに共通する重要な要素は、当事者主体の気づきと創意工夫に基づく独自の地域社会の形成と発展である。とりわけ、内発的発展にとって重要なことは、外からの知識や技術との出会いによる創発である。近代化において、西洋の先進的な知識や技術との出会いは不可欠であり、その出会いによって、当事者がどのような社会づくりを目指すのかを考え、構想、実践していくという内なる発展モデルの可能性である。内発的発展の価値は、生活当事者である住民の意思を生かしつつ社会発展していくことにある。各々の社会が持つ固有の知恵、文化、資源をその住民自身が主体的に生かしていくことで創

第1章 市民自治を育てる協働型アクションリサーチ

造される社会発展こそ持続可能性が高いものとなり、市民主導を基本理念とする協働型アクションリサーチの社会的有用性に通じるものである。

5. 協働型アクションリサーチ：内発的コミュニティの質改善の実践

アクションリサーチは、社会実践に関わる現場主義の研究手法であり、教育、保健、社会福祉などの個別領域にとどまらず、質の高い生活の実現が期待されている。生活改善を持続するには、生活現場の当事者である市民（または住民）が主体的に個々の生活とそれをとりまく地域コミュニティに働きかけ、自ら主体的に生活を変えていくことが必要である。そこで、アクションリサーチが地域コミュニティにおける生活の質の向上と地域コミュニティの発展のための支援ツールとして有用であるのかどうかを具体的に考えてみる。

5.1 協働型アクションリサーチの位置づけ

本書では、アクションリサーチの中でも、市民との協働を軸に置くものを重視している。上述してきたように、アクションリサーチは、取り組むべき課題、専門分野、アクションリサーチに携わるメンバーの違いによって、さまざまな種類に分けることができる。地域発展や市民自治力との関わりからアクションリサーチの位置づけを検討するには、研究者がどのような立場で当事者と関わりを持って、アクションリサーチに参画するかどうかを把握しておく必要がある。この点について、中村（2008）は、Herr & Anderson（2005）の分類をもとにして、協働型アクションリサーチの整理を行っている。

これによれば、アクションリサーチに携わる研究者の位置づけが内部者であるか外部者であるのか、アクションリサーチの推進者が内部者か外部者かによって、協働の型が変わってくる。アクションリサーチは6つに分類されているが、この中で、外部者と協働する内部者、相互的協働、内部者と協働する外部者の3つの型を協働型アクションリサーチであると考えられる。

(19)

表1　アクションリサーチにおける研究者のポジションと特徴

研究者の ポジション	貢献	伝統	具体例
内部者（研究者が自分自身／自らの実践を研究）	知識ベース、改善的／批判的実践、職業的変革	実践家研究、自叙伝、ナラティブ研究、自己研究	・教師による授業改善のアクションリサーチ
他の内部者と協働する内部者	知識ベース、改善的／批評的実践、職業的／組織的変革	フェミニスト啓発グループ、調査／研究グループ、ティーム	・教師による協働的な学校改革のアクションリサーチ ・当事者が研究者となり、自らの所属先の変革を試みるアクションリサーチ
外部者と協働する内部者	知識ベース、改善的／批評的実践、職業的／組織的変革	調査／研究グループ	・自分自身の実践を研究する際に外部者に支援を求めるアクションリサーチ ・内部主導のプロジェクトで外部専門家の支援を求めるアクションリサーチ
相互的協働（内部者と外部者のティーム）	知識ベース、改善的／批評的実践、職業的／組織的変革	衡平なパワー関係を達成せんとする参加型アクションリサーチの協働的な形	・内部者と外部者がフル・パートナーシップの関係で進めるアクションリサーチ（国際協力での参加型プロジェクト）
内部者と協働する外部者	知識ベース、改善的／批評的実践、職業的／組織的変革	変革推進体の潮流、コンサルタント、組織学習、急進的な変革、コミュニティ・エンパワメント（Freire）	・組織変革／組織開発におけるコンサルタントとしてのアクションリサーチ（アプローチによって、協働性に差あり） ・外部専門家が授業改善、学校変革、コミュニティ開発を支援するアクションリサーチ
内部者を研究する外部者	知識ベース	大学をベースとしたアクションリサーチ手法を用いた学術的研究	・ある方法の効果を実証することを目的とした研究

（出典：中村　2008、表3、p.14）

第1章　市民自治を育てる協働型アクションリサーチ

　また、秋田（2001）は教育分野における実践研究の一つとしてアクション
リサーチの重要性を論じ、数々の教育現場で応用した上で、実践への関与の
仕方からアクションリサーチを3つに分類している（秋田 2001, pp162-163）。
1つ目は、実践者への間接的支援者の役割、つまり、カリキュラム開発、授業
方法、教材作成などを外部専門家として行うコンサルテーションとしてのア
クションリサーチである。2つ目は、実践者に対して、特定の問題場面におい
て、相談員などのように問題解決への介入支援を行うカウンセリングとしての
アクションリサーチである。3つ目は、実践者自身が日常的に、継続的な全面
的な実践の研究に取り組む者として、実践的研究活動を担う実践者であり研究
者であるとするアクションリサーチである。これら3つのタイプは、対象課題
の取り組みにおける研究者の立場と協働活動の性格によって整理されていると
いう違いはあるが、いずれも協働型アクションリサーチであるといえる。

5.2　コミュニティ開発のための協働型アクションリサーチの視点

　アクションリサーチは、教育、医療などのテーマごとにくくりやすい分野に
ふさわしい手法と考えられてきたが、人々が形成するさまざまなコミュニティ
活動の発展に役立つ実践・研究活動として関心を集めるようになった。

　教育、保健分野に加えて、地域コミュニティ開発に関する豊富なアクショ
ンリサーチ経験を有するオーストラリア人研究者のストリンガー（Ernest T.
Stringer）は、アクションリサーチ（Stringer, 1999: ストリンガー 2012）につ
いて、次のように述べている。

　　アクションリサーチは、人びとが日常生活で直面する問題の効果的な解決策を見つ
　　けることができるような調査への体系的なアプローチである。すべての脈絡に適用
　　できる普遍的な説明を求める実験的・科学的研究とはちがって、アクションリサー
　　チは、特定の状況とその場に応じた解決に焦点を合せる。アクションリサーチは、
　　学校、ビジネスやコミュニティ組織の人びと、教員、保健および人間サービスに携

(21)

わる人びとが、自分たちが従事する仕事の有効性を高める手段を提供する。アクショ
ンリサーチは、人びとが直面する、ときには困惑するような複雑な事柄と取り組む
ときに、その仕事をより意義深くやり甲斐のあるものにする手助けとなる（ストリ
ンガー , 2012: p.1）

　つまり、アクションリサーチは、すべての市民が日常生活において直面する
問題への効果的な解決策を見つけだしていくための参画型の実践的研究手法な
のである。そして、直面する問題について、その問題に関わる市民自らが問題
の現況把握に臨み、また、その当事者として、問題解決にあたるように支援す
る実践的な研究手法であり、アクションリサーチそのものが、社会改善支援の
しくみであるとする。本書は、このストリンガーの定義をコミュニティにおけ
る協働型アクションリサーチと同義であると位置づける。

5.3　地域コミュニティ開発の重要性と協働型アクションリサーチ
　協働型アクションリサーチは、ストリンガーが言うように、生活の諸局面で
直面する様々な問題に対して、当事者がどのように関わり、改善につなげられ
るかを目的としている。したがって、各人にとって、生活の現場である地域コ
ミュニティは、まさに、そのフロントラインそのものであるといえるだろう。
　貧困問題、教育改善、保健衛生の改善が急務とされる途上国では、総合的な
生活改善のために、地域社会単位で改善策に取り組むことが提唱され、地域コ
ミュニティの開発計画が推奨されてきた。21 世紀に入ると、物質的な繁栄を
続けてきた先進国が主導する形で、生活の質への関心が急速に高まり、そのた
めには、生活現場である地域コミュニティの重要性がクローズアップされるよ
うになった。実際、研究者の間では、幸福度や生活への満足度などの主観的幸
福感を取り扱う研究が増加し、また、政策形成者の間では、ブータン王国の掲
げるＧＮＨ（国民総幸福）型の国作りやカナダやオーストラリアの取り組む
ウェルビーイング指標への関心が世界的な広がりを見せている（枝廣・草郷・

平山, 2011)。このような動きの中で、大いに注目すべきは、経済成長一辺倒の開発モデルへの代替モデルの構想や新たな発展指標の提案がなされてきていることである。別の言い方をすれば、生活当事者である住民が自らの生活の良し悪しを評価するに際して、旧来からの経済的基盤に加えて、社会的な関係性、生活環境や自然環境、そして、政治参加の状態など、多面的に個々の生活状態を評価しようとしていることである。

現代社会が目指す社会とは、人びとの生活の質を高める社会発展によって実現されるものであるとし、その結果、質の高い生活の質とはどのような暮らしを意味するのか、そして、どのような社会が望ましい社会であるといえるのか、という問題に正面から向き合いつつある。

確かに、生活の質を高めるための新たな開発の考え方の提案は必要ではあるが、他方、新しい取り組みを導入することによって、果たして、本当に生活の質が改善するのか、また、地域コミュニティを発展しうるのか、という現場における振り返りと実践改善を工夫すべきであるという点である。生活の質や社会コミュニティの発展には、机上の空論は無意味であり、むしろ、実践の成否こそが重視されるべきであり、その意味で、協働型アクションリサーチの視点が大きな意味を持つ時代になってきたといえる。

5.4 市民自治力向上と協働型アクションリサーチ

協働型アクションリサーチは、地域の特定課題を対象としていることから、アクションリサーチの一連の流れ（図1参照）に沿って事例報告のスタイルでまとめられる場合が多い。具体的には、「問題の背景、問題提起の経緯、問題改善のための初期情報把握、アクションリサーチ・チームと内部者へのアクションの解説と実行、アクションの評価、当事者（実践者）による新たに取り込まれた実践活動への振り返りと新たな実践行動の決定、実施状況把握調査の実施、新しいアクション導入へ」というアクションリサーチの流れに沿って報告されることが多い。報告において一番注意すべき点は、「アクションの導入

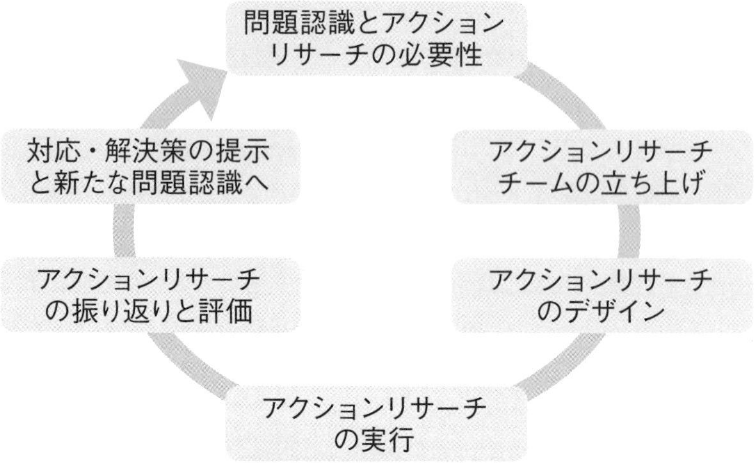

問題認識とアクション
リサーチの必要性

対応・解決策の提示
と新たな問題認識へ

アクションリサーチ
チームの立ち上げ

アクションリサーチ
の振り返りと評価

アクションリサーチ
のデザイン

アクションリサーチ
の実行

図1　協働型アクションリサーチの循環図

によって、何がもたらされたのか」をよく整理し、多くの人々にわかりやすく
説明することにある。協働型アクションリサーチでは、知識を共有する相手に
よって異なる進捗状況や成果の発信方法を準備しておくことが重要である。ア
クションリサーチのチーム内での知識共有と外部者への共有では、同じ方法や
同じ内容の研究成果の発信に固執する必要はない。当事者（実践者）への研究
結果の説明は、「報告書」の体裁を待つまでもなく、できるだけ迅速に成果を
伝え、少しでも早く、実践を改善させるためのアクションに還元させることが
重要なのである。他方、外部者に対しては、アクションリサーチの内容説明を
おこなうことで、研究内容を丁寧に理解してもらう必要がある。このため、研
究背景、目的、手法、成果という通常の学術研究の報告スタイルに沿って報告
をまとめ、発信することが重要となる。アクションリサーチの成果を発信する
際に注意すべき点がある。内部者も外部者も重要であるけれども、よりよい社
会実践成果をあげることを第一義とする協働型アクションリサーチにおいて
は、外部へのアクション成果の発信を急ぐあまり、実践に必要な時間や資源を
おざなりにするような事態を避けなければならない。アクションリサーチが重

第1章　市民自治を育てる協働型アクションリサーチ

視すべきは、取り組んでいる実践活動が継続的に改善されることにある。情報
共有に際しては、まず、内部者を重視し、一般化の可能性をもつ実践改善の取
り組みなどが出てきた場合には、外部者への共有を検討していけばよいので
あって、外部発信が優先されたり、目的化することのないように注意しなくて
はならない。

　しかしながら、協働型アクションリサーチによって、一般化されうる理論の
発見あるいは構築の可能性もある。アクションリサーチをおこなう研究者は、
当事者のみならず、研究者に対しての学術上の意義や成果に関する発信を怠ら
ないように意識すべきである。

6. 協働型アクションリサーチの研究倫理

　さまざまな課題の当事者との協働型アクションリサーチを進めるうえで、研
究者が認識しなければならないことは、当該課題に関するアクションリサーチ
の意思決定は、研究者ではなく当事者の側にあるという点である。この点につ
いて、概念的に理解できるものの、現実に担保することは容易ではない。協働
型アクションリサーチを社会発展に有効な信頼に足る研究手法として根づかせ
ていくようにするためには、協働型アクションリサーチに携わる研究者の側が
率先して、当事者との間で実践的研究を進めていく上での研究倫理を共同で作
成、承認し、活用していくことが望まれる。筆者が知る限り、国内のアクショ
ンリサーチの取り組みにおいて、当事者と研究者の相互理解の下、研究倫理規
定を策定し、その倫理規定に則って、研究活動を遂行してきた例は見られな
い。海外の事例においても、そのような事例は多くないのだが、地域コミュニ
ティの課題に取り組む参画型アクションリサーチを展開してきたカナダの研究
者グループが、プロジェクトの当事者とともに、研究倫理規定を作り、20年
以上にわたり、プロジェクトの成果を上げている。そこで、この規定の概略を
紹介することで、協働型アクションリサーチの課題の1つである研究倫理につ

(25)

いて考えてみたい。

　カナダの地域医療に携わるマッギール大学の医師マッカウリー（Macaulay）は、モホーク族のカーナワーキ（Kahnawakè）地域の病院を拠点として、同地域住民にとって深刻な医療問題である糖尿病削減対策に取り組むこととなった。マッカウリーは、地域住民と話し合いを行う中で、住民の子どもに対して、早い段階から生活習慣を変えていくことによって、糖尿病の罹患率を下げていくことを目指すこととし、地元の学校とともに糖尿病予防プロジェクト（Kahwanake Schools Diabetes Prevention Project: KSDPP）を立ち上げた。マッカウリーは、高校の教師であるマッコンバー（McComber）と意見交換を重ね、糖尿病予防プロジェクトを成功に導くためには、住民の生活習慣の見直しが不可欠であること、また、健康面に関する情報というプライバシーを取り扱うことの理解が必要ということとなった。そのためには、住民自身がKSDPPをよく理解し、実践していくことが必要であり、研究成果の共有や発信に関しても住民自身に所有権があるということを確かめた。

　そこで、地域住民、コミュニティ実践者、研究者・専門家の間で、プロジェクトデザイン、実施、データ分析、成果発表という諸段階において、どのようにプロジェクトを運用していくのかについての話し合いを重ね、研究倫理規定を作成することとした。

　研究倫理規定の策定にあたっては、研究者とプロジェクトスタッフの手によって、規定草案が作成され、その草案をもとにして、カーナワーキ地域コミュニティ諮問委員会（Community Advisory Board: CAB）に諮り、CABの意見集約を経て草案を修正するというやりとりを続け、8か月間かけて、研究倫理規定を策定した。

　研究倫理規定は、2007年の改定を経て、現在では、32頁にわたるものである[1]が、この規定の中で地域コミュニティとの協働研究を進める上で重要である点について、Macaulay et al（1998）をもとに説明する。

(26)

第 1 章　市民自治を育てる協働型アクションリサーチ

(1)　プロジェクト方針：KSDPP は、モホーク族の文化価値、物の見方、モホークコミュニティの望みを取りいれたものであり、コミュニティエンパワメントに資するものであること。KSDPP は、コミュニティの要請によるプロジェクトであり、糖尿病予防は、小学生を対象とすること。

(2)　参画型研究の原則：KSDPP は、地域住民、コミュニティ実践者、研究者・専門家の協働活動によって推進されるプロジェクトであること。CAB が KSDPP に関するプロジェクトの方針策定、モホーク族の文化理解の上に立った研究者・専門家による介入または評価活動の確認、研究結果に関する質問、意見交換、解釈について、積極的な役割を担うこと。

(3)　全研究者の義務：文書による住民の研究参画の承認を受けること、KSDPP の進展とともに参加者の積極的に新しい知識や技能の獲得を支援すること。

(4)　コミュニティ実践者の義務：地域コミュニティと長期的な信頼関係を維持し、糖尿病予防活動を通じて地域に貢献すること。

(5)　コミュニティの義務：研究者との定期的会合に参加すること。KSDPP 活動を地域において奨励し、研究者の評価結果に対する解釈への助言を行い、必要な場合は、異議を表明すること。

(6)　データの所有権：すべてのプロジェクトに関するデータは地域コミュニティが所有権を有すること。プロジェクト進行過程においては、地域コミュニティに代わって、研究者・専門家がデータを管理すること。(Macaulay et al 1998, pp.105-108)

　KSDPP の研究倫理規定には、研究者・専門家が地域住民とともに協働で研究を行うために、念頭に置くべき事項がよく網羅されている。KSDPP は、規定策定するまでに 8 か月間を要したが、時間をかけて、当事者・関係者間で納得のいく実行可能な研究倫理規定を策定したことが、1994 年から現在にいたるまで息の長いプロジェクトとして成功してきたと評価できる。

　協働型アクションリサーチは、特定の問題に向き合うコミュニティにおける当事者との協働が求められる。その協働活動の中で、配慮されるべき点とし

(27)

て、当事者の権利、当事者の主体性を一連のアクションリサーチ活動の中で担保することであり、KSDPP の研究倫理規定づくりと規定の運用から、多くの示唆を得ることができる。

7. おわりに

本章では、アクションリサーチは、社会的要請によってその存在意義を高めつつある実践的な研究手法であることを概説した。また、アクションリサーチは、その実践活動内容が実に多様であることから理論は不要でよいのだろうか。アクションリサーチに定量的な調査方法や定性的な調査方法は有効ではないのだろうか。アクションリサーチは、既存の研究手法に比べて見劣りするものなのだろうか。これらの点を意識しながら、アクションリサーチの紹介を試みた。更に、アクションリサーチは、生活の基本的単位である地域社会の生活をより豊かなものにするために活用されるべき実践的研究手法である点を論じた。

協働型アクションリサーチは、社会の改善や改革につなげることを目指しているものであり、協働型アクションリサーチとは、研究者自身が、特定の問題の解決や状況改善を目指し、実践者チームの一員（内部者あるいは外部者）として研究活動に参画している点を説明した。

社会のしくみが複雑化する現代社会において地域コミュニティを改善していくためには、市民自治力の向上を目指して、地域の住民、行政、企業、NPO、専門家らによる協働実践や協働学習が必要であり、ますます協働型アクションリサーチ活用機会の広がりが想定される。協働型アクションリサーチの基本を理解したうえで、社会実践に適用していくことが必要であり、社会実践事例の広がりと社会実践から得られる学びを共有化することにより社会改善を導きだすことが期待される。

第 1 章　市民自治を育てる協働型アクションリサーチ

注　記

1 ）最新の研究倫理規定は、KSDPP のホームページからダウンロードできる。（https://
www.ksdpp.org/media/ksdpp_code_of_research_ethics2007.pdf、2018 年 1 月 8 日　ア
クセス）

引用・参考文献

Anderson, G., K. Herr, and A.S. Nihlen, 1994, *Studying Your Own School: an Educator's Guide to Qualitative Practitioner Research*, Thousand Oaks: Corwin Press.

Argyris, C. and Schon, D., 1991, *Organisational Learning*, Boston: Addison Wesley.

Diener, E., and R. Biswas-Diener, 2008, *Happiness: Unlocking the mysteries of psychological wealth*, Hoboken: Wiley-Blackwell.

Easterlin, R., 1974, "Does Economic Growth Improve the Human Lot?" in P.A. David and M. W. Reder, eds., *Nations and Households in Economic Growth: Essays in Honor of Moses Abramovitz* , New York: Academic Press, Inc., 89-125.

Elliot, J. and M. Keynes, 1991, *Action Research for Educational Change*, Maidenhead: Open University Press.

Herr, K., and G.L. Anderson, 2005, *The Action Research Dissertation*, Newcastle: Sage.

Kemmis, S. & McTaggart, R., 1982, *The Action Research Planner*, Victoria: Deakin University Press.

Lewin, K., 1946, Action research and minority problems, *Journal of Social Issues*, 2, 34-46.

Macaulay, A.C., et al., 1998, Participatory Research with Native Community of Kahnawake Creates Innovative Code of Research Ethics, *Canadian Journal of Public Health*, March-April 1998, 105-108.

McKernan, J., 1991, *Curriculum Action Research: a handbook of methods and resources for the reflective practitioner*, London: Kogan Page.

Munn-Gidding, C. and R. Winter, 2001, *A Handbook for Action Research in Health and Social Care,* London & New York: Routledge.

Nussbaum M., 2000, *Women and Human Development*, Cambridge: Cambridge University Press.（マーサ・C. ヌスバウム（著）池本幸生・田口さつき（訳), 2005, 『女性と人間開発 潜在能力アプローチ』岩波書店）

Nussbaum M., 2011, *Creating Capabilities: The Human Development Approach*, Cambridge: Belknap Press of Harvard University Press.

Rawls, J., 1999, *A Theory of Justice: Revised edition*, Cambridge: Belknap Press of

(29)

Harvard University Press.（ロールズ J.（著）川本隆史・福間聡・神島裕子（訳）（2010）. 正義論改 訂版 紀伊國屋書店）

Reason, P., and H. Bradbury（eds）, 2001, *Handbook of Action Research*, Newcastle: Sage.

Rossman, G.B. and S.F. Rallis, 2003, Learning in the Field: Second edition, Newcastle: Sage.

Rowell, L., Bruce, C., Shosh, J.M., Riel, M.（Eds.）（2017）*The Palgrave International Handbook of Action Research*, New York: Palgrave.

Sen, A. K., 1985, *Commodities and Capabilities*, Oxford: Oxford University Press.

Stringer, E.T., 1999, Action Research: second edition, Newcastle: Sage.（=2012, 目黒輝美・磯部卓三 監訳（『アクション・リサーチ』フィリア）

秋田喜代美、「教育・発達における実践研究」南風原朝和・市川伸一・下山晴彦（編）『心理学研究法入門－調査・実験から実践まで』、東京大学出版会、2011 年、153-190。

枝廣淳子・草郷孝好・平山修一、『GNH（国民総幸福）－みんなでつくる幸せ社会へ－』海象社、2011 年。

川喜田二郎、『創造と伝統』、祥伝社、1993 年。

草郷孝好、「アクション・リサーチ」、小泉 潤二・志水宏吉編、『実践的研究のすすめ』、有斐閣、2007 年、251-266。

佐野正之、『はじめてのアクション・リサーチ―英語の授業を改善するために』、大修館書店、2005 年。

筒井真優美（編著者）・江本 リナ・草柳 浩子・川名 るり、『アクションリサーチ入門―看護研究の新たなステージへ』、ライフサポート社、2010 年。

鶴見和子、『内発的発展論の展開』、筑摩書房、1996 年。

中村和彦、「アクションリサーチとは何か？」、南山大学・人間関係研究センター『人間関係研究』第 7 号、2008 年、1-25。

第2章 協働型アクションリサーチの鍵となる要素と実践知の抽出
～アクションリサーチ研究セミナーの知見をもとに～

草 郷 孝 好

上 田 一 紀

1. はじめに
2. AR 研究班における公開セミナーの位置づけと全体像
3. 協働型アクションリサーチを特色づける 5 つの要素
4. アクションリサーチの「協働性」を特色づける 5 つの要素と実践知の形成
5. おわりに

1. はじめに

　市民自治力向上とアクションリサーチ研究班（AR 研究班）[1] では、研究会（公開セミナー）方式による研究活動を展開した。研究会では、さまざまな市民自治力に関係する実践的活動事例と協働型アクションリサーチを取り上げ、協働型アクションリサーチの必要性、有効性、そして、可能性を検討した。研究会における検討に際しては、複数の専門領域にまたがる学際性に基づく複眼的視点を軸足とし、多面的に実践事例を掘り下げることで、協働型アクションリサーチを展開するために重視すべき要素の抽出を目指した。

　そこで、本章では、この研究会方式によって集積された知見をもとにして、協働型アクションリサーチのために要素を整理し、提示することを試みる。整理にあたっては、個々の研究会で取り上げた実践の位置付けや全体像について概説する。その上で、市民自治力の形成や向上に資する協働型アクションリ

(31)

サーチの展開につながる実践知に焦点をあて、実践知足らしめる要素は何かについて、各研究会の内容を詳細に記録した『調査と資料』をもとにして堀り下げてみる。なお、本章で論じられる協働型アクションリサーチ展開に資する要素は、各研究会の講師やコメンテーターの意図や見解というわけではなく、筆者の視座により、整理・抽出されたものであることを指摘しておく。

2. AR研究班における公開セミナーの位置づけと全体像

公開セミナーでは、地域コミュニティにおいて実践的活動に取り組んできた実践者や共同研究に携わっている研究者、さらには自治体職員など、さまざまな課題に直面する実践活動をもとに議論を行った。表1にあるように、例えば、地域コミュニティにおける公設民営の公共空間の整備や運営の実践を取り上げ、市民が主役となる公共空間のあり方について議論し、市民自治力を生み出す可能性について検討した（2014年度第1回公開セミナー）。社会福祉や福祉政策の領域における実践的研究を取り上げ、福祉の現場での実践や議論を参照しながらアクションリサーチという方法論そのものについて検討を行った（2014年度第3回公開セミナー）。また、アクションリサーチの意義や可能性、あるいは研究者や大学がアクションリサーチにどう関わっていくべきか、という点に関して議論した（2015年度第1回研究セミナー）。市民による実践的活動にも焦点を当て、地域コミュニティにおける子育て支援活動を取り上げ、その実践と研究のあり方についても検討を行った（2015年度第2回公開セミナー）。さらに、地域コミュニティづくりの主体としての自治体という観点にも着目し、アクションリサーチにおける行政の役割や研究者と行政の協働、市民協働の可能性について、オープンデータ政策を事例として検討した（2015年度第1回公開セミナー）。その他、市民自治力向上のために広義のアクションリサーチを行った過去の事例も参照し、その運動の内実や思想的背景を議論した（2014年度第4回公開セミナー）。震災復興支援として社会科学者が社会

(32)

実践において果たすべき役割についても、協働やアクションリサーチという観点から検討を加えた（2016年度第5回公開セミナー）。

表1 各セミナーのテーマと報告者の概要
2014年度

2014.6.30（月） 第1回公開セミナー	「市民が幸せになる公共空間のつくりかた」 報告者　　　　　：山下裕子（NPO法人GPネットワーク理事） コメンテーター：宮本匠（AR研究班委嘱研究員・京都大学防災研究所） 司　会　　　　：岡絵理子（AR研究班研究員・関西大学環境都市工学部准教授）
2014.10.17（金） 第3回公開セミナー	「アクションリサーチの枠組み外し」 報告者　　　　　：竹端寛（山梨学院大学法学部教授） コメンテーター・司会：室田信一（AR研究班委嘱研究員・首都大学東京都市教養学部准教授）
2014.11.7（金） 第4回公開セミナー	「柳田国男と協同組合」 報告者　　　　　：藤井隆至（帝京大学経済学部教授） コメンテーター：村井雅清（被災地NGO協働センター・代表） 　　　　　　　　草郷孝好（AR研究班主幹・関西大学社会学部教授） 司　会　　　　：宮本匠（AR研究班委嘱研究員・京都大学防災研究所）

2015年度

2015.5.18（月） 第1回公開セミナー	「市民自治力向上と市民によるオープンデータの活用を考える」 報告者　　　　　：関口昌幸（横浜市政策局政策課） コメンテーター：榊原貴倫（NPO法人コミュニティリンク理事） 　　　　　　　　松井修視（AR研究班研究員・関西大学社会学部教授） 司　会　　　　：宮本匠（AR研究班委嘱研究員・兵庫県立大学防災教育研究センター専任講師）

2015.6.22（月） 第2回公開セミナー	「『未来を変える』草の根の子育て支援活動」 報告者　　　：栗林知絵子（NPO法人豊島子ども WAKUWAKUネットワーク・理事） 　　　　　　　中村みどり（立教女学院短期大学・サービスラーニングプログラムコーディネーター） コメンテーター：草郷孝好（AR研究班主幹・関西大学社会学部教授） 司　　会　　：室田信一（AR研究班委嘱研究員・首都大学東京都市教養学部准教授）
2015.7.28（火） 第1回研究セミナー	「アクションリサーチを通しての研究者と大学の役割」 報告者：田口太郎氏（徳島大学総合科学学部准教授） 「CBPR（コミュニティを基盤とした参加型アクションリサーチ）の概要と実践例：日本の大学での普及に向けて」 報告者：武田丈氏（関西学院大学人間福祉学部教授） 参加者：草郷孝好（AR研究班主幹・関西大学社会学部教授） 　　　　松井修視（AR研究班研究員・関西大学社会学部教授） 　　　　岡絵理子（AR研究班研究員・関西大学環境都市工学部准教授） 　　　　室田信一（AR研究班委嘱研究員・首都大学東京都市教養学部准教授） 　　　　宮本匠（AR研究班委嘱研究員・兵庫県立大学防災教育研究センター専任講師） 　　　　高瀬武典（関西大学経済・政治研究所長、関西大学社会学部教授） 　　　　中村みどり（立教女学院短期大学・サービスラーニングプログラムコーディネーター）

2016年度

2016.11.4（金） 第5回公開セミナー	「被災地で見たことのない支援を創る」 報告者　　　：溝口佑爾（関西大学社会学部助教） コメンテーター：古川誠（関西大学社会学部准教授） 　　　　　　　室田信一（AR研究班委嘱研究員・首都大学東京都市教養学部准教授） 司　　会　　：草郷孝好（AR研究班主幹・関西大学社会学部教授）

2016.12.1（木） 第8回公開セミナー	「交渉による合意とその限界－トランジション・マネジメントの可能性－」 報告者　　　　　：松浦正浩（明治大学専門職大学院ガバナンス研究科（公共政策大学院）教授） コメンテーター：金再奎（滋賀県琵琶湖環境科学研究センター専門研究員） 司　　会　　　　：草郷孝好（AR研究班主幹・関西大学社会学部教授）
2017.2.20（月） 第14回公開セミナー	「地域おこし協力隊をめぐる可能性の現在－アクションリサーチの実践から」 報告者　　　　　：平井太郎（弘前大学大学院地域社会研究科准教授） コメンテーター：馬袋真紀（兵庫県朝来市市長公室あさご暮らし応援課あさご人財創生係長） 司　　会　　　　：宮本匠（AR研究班委嘱研究員・兵庫県立大学防災教育研究センター専任講師）

2017年度

2017.6.30（金） 第2回公開セミナー	「オープンデータの広がりと今後の課題－関西での活動を中心に－」 報告者：古崎晃司（大阪大学産業科学研究所准教授） 「大阪市のオープンデータへの取り組み」 報告者：西川肇（大阪市ICT戦略室企画担当） 「オープンデータの活用とオープンガバメント」 報告者：松井修視（AR研究班研究員・関西大学社会学部教授） 　　　　上田一紀（関西大学大学院博士後期課程） 司　会：室田信一（AR研究班委嘱研究員・首都大学東京都市教養学部准教授）

（敬称略。また、表中の肩書は当時のもの）

　このように本研究班では、多様な専門領域の実践者、研究者、自治体職員の実践や取り組みを参照しつつ、学際的視点から市民自治力の形成と向上やアクションリサーチの可能性について、研究会方式で検討した。次節では、これらの多様な領域にまたがる実践事例にもとづき議論された内容をもとにして、得られた知見を紹介する。

(35)

3. 協働型アクションリサーチを特色づける5つの要素

前述したように、本研究班では、さまざまな専門領域における実践事例を、実践者、研究者、行政職員というそれぞれに立場の異なる観点から取り上げ、検討した。実践内容は多岐にわたっていたが、出された論点には、いくつかの共通する要素が見出された。それらの要素の中から、協働型アクションリサーチを特色づけると考えられる要素を抽出してみた。

3.1 当事者性

研究会では、協働型アクションリサーチを展開するうえで、「市民の当事者性」と「研究者の当事者性」の重要性に関する論点が頻繁に出されている。誰の問題であるかを意識する当事者性を協働型アクションリサーチを特色づける要素の1つとして見出すことができた。

「アクションリサーチを通しての研究者と大学の役割」に関するセミナー（2015年度第1回研究セミナー）では、市民の当事者性[2]について、アクションリサーチの意義や可能性を議論した。その中で、持続的な地域コミュニティの発展を可能とするには、地域コミュニティの中で生じる市民生活にかかわる問題に、市民自身が主体的に向き合っていくことが必要であり、実践的研究者は、「地域」や「市民」を「主語」とできるか否かが重要であると述べられている（田口・武田 2016：266）。「アクションリサーチの枠組み外し」のセミナー（2014年度第3回公開セミナー）では、社会福祉や福祉政策の領域における実践的研究を取り上げ、市民の当事者性についての指摘がなされている。支援を必要とする被支援者に対して、支援者（専門家や研究者）が当事者性を明確に意識しない場合、「支援」ではなく無意識に「支配」に転じてしまうケースが多いと述べられている（竹端 2016：63）。さらに、この考えを踏まえて、実践的研究者は決して地域コミュニティを主導していくリーダーのような

(36)

第 2 章　協働型アクションリサーチの鍵となる要素と実践知の抽出

存在ではなく、地域コミュニティの発展や問題解決のためのファシリテーターであるとの指摘もあった（竹端 2016：97-98）。主体はあくまでも現場、あるいは被支援者にあり、実践的研究者は問題解決に向けた糸口を共に探る存在として位置づけられるのである。また、「『未来を変える』草の根の子育て支援活動」のセミナー（2015 年度第 2 回公開セミナー）では、子ども食堂を展開する子育て支援活動の立ち上げから展開にいたるまでを取り上げ、その中で、地域コミュニティにおける市民の実践的活動における当事者性の重要性が明確に言及されている。さらに、実践者が地域コミュニティにおける特定の問題に対して、支援の型を決めつけて活動するのではなく、地域や市民を主語にして、まずは地域に寄り添う形でかかわることが重要であると指摘されている（栗林・中村 2016：231）。この実践事例においては、問題を抱える市民の当事者性を意識することで、その問題の根底にあるコミュニティの問題などの背景が見えてくるのであり、その思考によって、支援の仕方やアクションの方法を考えるきっかけにつながったという経験が語られている（栗林・中村 2016：231）。このように、地域コミュニティの一員である市民の当事者性を意識することが協働型アクションリサーチを展開していく上で欠かせないのである。

　一方で、研究者にも長期的に地域コミュニティにコミットし、協働でアクションを起こしていくという意味合いでの当事者性への言及も見られる。「リサーチ」という営みにおいては、研究者が当事者であり、対象者が非当事者となる。また「アクション」という営みにおいては、対象者が当事者で研究者が非当事者となる。しかしながら「協働型アクションリサーチ」では、研究者自身もアクションの一部となり、共にアクションをすることによって、アクションという営みにおいて双方が当事者となりうる。こうした意味での研究者の当事者性（竹端 2016：107）について、研究者が、特定の価値観にもとづくアクションに関して、地域コミュニティにおける市民自治力の形成や向上にプラスの効果をもたらしうると考えると、研究者は全くの「無の存在」ではいられない、と指摘されている（田口・武田 2016：306）。

(37)

このように「市民の当事者性」と「研究者の当事者性」という2種類の当事者性を意識化することが協働型アクションリサーチの展開に重要な要素であるといえる。

3.2 当事者間のパートナーシップの形成と双方向の対話

研究会では、行政を含めた当事者間で対等なパートナーシップを形成し、双方向の対話を行えるか否かが協働型アクションリサーチの成否を左右しうる点が論じられている。そこで、協働型アクションリサーチを特色づけられる要素として、ステークホルダー（当事者）間のパートナーシップの形成とそれにもとづく双方向の対話が抽出された[3]。

従来、一般市民と研究者の間で、対等なパートナーシップが形成されてきたとは言い難い。むしろ専門性に長けた研究者が知識や知見を一方的に伝達することが一般的である。例えば、社会福祉や福祉政策における実践的研究を取り上げたセミナー（2014年度第3回公開セミナー）では、専門的知識を有した研究者が、地域コミュニティにコミットしていく場合、市民と対話しないことから上下関係的な支配の構図を生じさせやすいことが指摘されている（竹端2016：83）。また、アクションリサーチの意義などを議論したセミナー（2015年度第1回研究セミナー）においては、研究者は地域コミュニティと対等な立場でフィールドワークを行うことが少なく、研究者が双方向の対話なしに、いわば押しつけ的に地域コミュニティとかかわっている状況が批判されている（田口・武田 2016：271）。対等なパートナーシップにもとづいた双方向の対話がなされない場合、地域の強みや資源、そして当事者としての市民の語りが尊重されることは少なく、協働的実践とはなりえない。両セミナーでは、こうした市民と研究者の関係において生じる問題に関し、まず、研究者がアクションの当事者として地域に「長期的に」寄り添い、かかわり続けるという姿勢が重要であるとされ（田口・武田 2016：266）、さらに、市民と対等な立場から、対話にもとづいて「現地の人＝（地域のことをよく知っている）専門家」とし

て捉え直し、パートナーシップを形成していく必要性があると指摘されている（竹端 2016：86）。

　また、持続的な地域コミュニティの発展の課題と向き合っていく場合、その主体としての行政の役割も大きいと指摘されている（田口・武田 2016：302）。さらに、地域コミュニティにおける市民と研究者の対等なパートナーシップが形成されても、地域コミュニティづくりの主体としての行政と、いかにパートナーシップを築き協働していくのかが課題として残されていると述べられている。例えば、研究者と行政の関係に目を向けると、研究者がいわゆる行政の御用学者的な立ち位置にとどまる場合など、研究者と行政とのパートナーシップのあり方が実践的研究・活動を行ううえで少なからず問題となっていることが確認されている（田口・武田 2016：302-303）。

　このように、行政を含めた、各ステークホルダーが対等なパートナーシップを築いていけるか否かが、協働型アクションリサーチの成否にかかわってくる。対等なパートナーシップが形成されれば、立場の異なるステークホルダー同士の双方向の対話が可能となり、相互に学び合う場が生まれると考えられ、協働型アクションリサーチを特色づける要素の 1 つであるといえる。

3.3　実践における協働プロセスの可視化と共有

　実践的研究活動には、さまざまな主体がステークホルダー（当事者）として関与する。協働型アクションリサーチの目的は、実践活動の継続的な発展にあり、立場の異なる当事者が実践活動についての情報を十分に共有し合うことが求められる。研究会の論点の整理によって、市民と行政の協働、市民と研究者の協働、市民・行政・研究者三者間で実践活動における協働プロセスの可視化と共有が重要であることを見出した。

　アクションリサーチの方法論に関するセミナー（2015 年度第 1 回研究セミナー）において、アクションリサーチを行った際、その調査結果を当事者にフィードバックし、共有することが重要であると述べられている（田口・武田

2016：285）。協働実践の過程の可視化と共有の必要性については、「フォトボイス」という実践的手法が取り上げられ、実践プロセスの共有の重要性が指摘されている。「フォトボイス」とは、カメラを使った調査方法で、地域コミュニティの人たちにカメラを渡し、そのコミュニティの良い所や課題や問題点などを示す事物を撮影してきてもらい、それらをデータにし、対話をしながら話し合いを進めてアクションにつなげていく、という斬新な手法である（田口・武田 2016：279-280）。フォトボイスで集積されたデータを研究者のみが活用し、分析するのであれば、実践に携わる当事者の気づきにはつながりにくくなる。継続的な実践改善のためには、当事者間でデータや分析を含む協働プロセスの共有が必要になる。

　また、調査結果を当事者間だけで共有するにとどまらず、当事者以外に対して発信する協働プロセスの可視化の必要性にも言及している。例えば学会発表や論文、報告書作成の際、研究者だけではない市民などの当事者が共同報告者・共同研究者として参画するなど、実践過程の可視化についても協働作業していくことが重要であると指摘されている（田口・武田 2016：284）。

　福祉に関するアクションリサーチについて議論したセミナーにおいても、協働プロセスの可視化や共有の必要性が取り上げられている。福祉の現場において、福祉計画の設計を担う行政が福祉現場職員の意見を活かせず、現場のリアリティを踏まえた政策形成ができていない現実があるとの指摘がなされ、政策形成と事業推進の両過程において、ミクロな現場職員とマクロな政策形成担当者とがつながるようなしくみを持つことの重要性が指摘されている（竹端2016：88）。

　以上から、協働型アクションリサーチにおいては、当事者同士で協働プロセスを共有することと協働プロセスの可視化が重要であるといえる。

3.4　当事者協働を志向する行政のあり方

　研究会では、協働型アクションリサーチを推進する中で、当事者間がパート

ナーシップを形成し、双方向の対話を継続的に行っていくことができるかどう
かが論じられている。協働型アクションリサーチの展開のためには、当事者協
働を志向する行政のあり方が重要な要素であることを見いだすことができた。

　子育て支援活動を取り上げたセミナー（2015 年度第 2 回公開セミナー）で
は、子ども食堂を立ち上げた実践者としての市民と地方行政の間の問題認識の
違いが言及されている。具体的には、東京都のとある地域コミュニティにおけ
る子育て支援活動の実践例では、支援を行う NPO が、行政担当者と社会福祉
協議会のコミュニティソーシャルワーカーと連携して子どもの育成支援活動を
行っているが、その活動を行っていくうえで、行政の認識について少なからず
問題があることが取り上げられた。その問題とは、行政側には、市民は行政批
判を行うだけの存在であるというような認識が根強くあるため、両者の間に対
立的な構造があるというものである。その結果、協働する力をつけてきた市民
が行政と共に活動しようとしても、行政側から行政のパートナーとして認識さ
れることがなかなか難しい、という問題である（栗林・中村 2016：252）。

　他方、市民主役の公共空間のあり方についてのセミナー（2014 年度第 1 回
公開セミナー）では、行政の認識や態度が変わることで、市民自治力の向上や
協働的実践にプラスの効果をもたらすことが紹介されている。具体例として、
公設民営方式の富山市まちなか賑わい広場「グランドプラザ」の整備や運営の
実践において、行政が市民を地域コミュニティづくりのパートナーとして認識
していることが述べられている。グランドプラザでは、広場のスペースを用い
たイベントが多く開催されているが、これらのイベントに関しては行政やコン
サルタント会社が一手に引き受けて計画するのではなく、市民自らの手によっ
て開催されている。この市民主導というコンセプトは、グランドプラザの運営
事務所が示したものであるが、再開発事業を担当してきた行政側も同じ考え方
を持っていることがグランドプラザを成功に導いてきた要因の一つと指摘して
いる（山下 2016：30-33）。このような行政の認識のもとで、グランドプラザ
の運営事務所は、市民とともに街中のにぎわいを創出していくというスタン

(41)

スで広場を運営しており、その結果、市民活動が成熟し、同広場では市民自らが企画した多くのイベントが行われるようになったという（山下 2016：30-33）。このように、街中のにぎわいを創出する市民主体の公共空間を展開するためには、行政側が中心市街地活性化のパートナーとして市民を位置づけ、市民主導を忠実に推進するという行政の姿勢が重要なのである。

　さらに、オープンデータ政策をテーマとしたセミナー（2015年第1回公開セミナー）では、横浜市のオープンデータ政策とオープンデータによる地域コミュニティの問題解決に関する実践を取り上げている。ここでも、市民協働における行政側の認識のあり方が重要であることが確認されている[4]。オープンデータについては、2000年頃までは、行政主導でホームページなどにおいて情報を公開していた程度であったが、2010年代になって機械判読可能で二次利用が容易な形で、これまで公開されてこなかった情報を公開するという潮流が生まれた。オープンデータで特に重要なのは、ただ行政が多くの情報を積極的に公開していくということでは十分ではなく、市民が公開された情報を活用してどのように地域コミュニティの問題解決に活かしていくかという点にある。この考えにもとづき、横浜市の場合は、市民主導でオープンデータの利活用の推進が提案され、行政を巻き込む形で取り組みが進んでいったことが紹介されている（関口・榊原 2016：207）。その取り組みの一環として、アイデアソン・ハッカソンと呼ばれる、アイデアを持つ者と技術を持つ者のマッチング機能を果たすイベントが開催され、ここで検討された地域コミュニティの課題などに対して、地域情報化に取り組むNPOなどがオープンデータを活用した課題解決型のアプリケーション作成などをしてきたことが述べられている（関口・榊原 2016：207）。

　その中で、「行政はデータを活用しやすいように整理し、きっちりとデータを出し、オープンデータにもとづきアクションを起こすためのICTを活用したプラットフォームを構築する」「市民・民間側はデータをもとに協働で課題解決に取り組む」（関口・榊原 2016：207-210）ことが言及されており、市民・

民間セクターが持続的コミュニティ創造のための主体として明確に位置付けられている[5]。このように、横浜市の実践からは、行政の認識や態度を変革できれば、市民と行政の win-win の協働を行う素地が生まれる可能性があることを見て取ることができる。

　他方、アクションリサーチの方法論についてのセミナーでは、研究者と行政の間の関係について議論すべき課題が残されているとの指摘がなされた。特に、協働型アクションリサーチを進める上では、研究者が行政とどのように向き合い協働していくかという点や行政自身の行政の立ち位置と役割についての認識が大きな意味を持つことが指摘された（田口・武田 2016：302）。具体例を挙げると、行政によっては、アクションリサーチによって、行政が導入した政策や提供するサービスの問題点が明らかになるような場合には、アクションリサーチの遂行に否定的な態度を示す場合があるということである（田口・武田 2016：304）。さらに、行政の研究者に対する認識の問題も指摘されている。いわゆる行政の御用学者としての研究者や、権威づけされた、いわゆるオールドスクール的な研究者（田口・武田 2016：305-306）、そして論文作成のみを目的として研究に取り組むのが研究者である（田口・武田 2016：304）と固定観念化しているという問題である。

　また、こうした行政の研究者に対する認識の問題だけではなく、行政職員がどれだけ戦略的に地域コミュニティに対してアプローチできるかということも重要であるとの意見が出され、そのためには、経験や知識を共有するために行政職員同士の横のつながりも強化しなければならないと指摘されている（田口・武田 2016：303）。

　以上から、協働型アクションリサーチの有効性と信頼性を高めるための要素として、実践的研究に取り組む研究者に対する行政の認識や態度、そして行政自身の役割への認識度合いが重要であるといえる。

3.5 実践的研究者の技能と役割

研究会では、協働型アクションリサーチを推進するために必要な研究者の技能と役割が論じられている。例えば、問題の当事者が実践的研究の取り組み内容を理解し、活動の推進過程（プロセス）を把握できるようにサポートすることである[6]。また、協働型アクションリサーチを特色づける①当事者性、②当事者間のパートナーシップの形成と双方向の対話、③実践における協働プロセスの可視化と共有といった要素は、実践的研究に携わる研究者の技能や役割がどのようなものであるかによって影響を受ける。研究者がアクションリサーチの科学性をどう担保するのか、市民や行政といかに問題に向き合うのか、という問題も含まれる。したがって、協働型アクションリサーチの展開に影響を与える要素として、実践的研究者の技能と役割を見いだした。

アクションリサーチでは、研究者にも当事者性があることを先に指摘した。つまり、研究者自身の価値観にもとづく活動が地域コミュニティにおける市民自治力の形成や向上にプラスの効果をもたらし、その場合には、研究者は全くの「無の存在」でなくなる（田口・武田 2016：306）。市民・研究者双方の当事者性が協働型アクションリサーチの特徴ともいえるのだが、研究者は常に自身の持つ価値基準の特徴（他人との違い）に自覚的であるべきと指摘されている。福祉に関するアクションリサーチについて議論したセミナー（2014 年第 3回公開セミナー）では、特定の問題を抱えている当事者に寄り添う研究者は、その問題に苦しむ当事者の代弁者でもあると感じることから、当該研究者の有する価値観や考えも絶対的に正しいと誤認識しがちであると指摘する（竹端2016：89）。研究者も協働プロジェクトの一員であるため、研究者が率先してアクションリサーチの舵を取る状況もありうるが、その際、自身の価値基準と向き合いながら、市民目線の意思決定を尊重しなければならないということである。

また、アクションリサーチの方法論に関するセミナー（2015 年第 1 回研究セミナー）では、リサーチの段階においても、「対象者としての市民」という

第2章　協働型アクションリサーチの鍵となる要素と実践知の抽出

従来の枠組みから「当事者としての市民」へと意識が変わる必要があると指摘されている（田口・武田 2016：284）。言い換えれば、市民が現状評価から、リサーチデザイン設計、分析などの一連のすべての活動に参画し、共にリサーチを行っていくべきであり、一方的に研究者だけが学ぶというスタンスではなく、市民も一連の活動の中で、何かを学び取り、何かを開発していけるようになることが重要なのである（田口・武田 2016：284）。これに関連して、実践的研究に取り組む場合、研究者は、リサーチの過程で明らかになったことを一般化し、理論化する以上に、その地域コミュニティにおいて有益な固有の知識や経験を生み出していくためのフィードバックを意識しなければならないとも指摘されている（田口・武田 2016：284）。

　協働型アクションリサーチでは、実践的研究者が市民参画によって市民のエンパワメント（力を引き出す）を目指すことが肝要である。そのために、実践的研究者には、例えば「フォトボイス」（田口・武田 2016：259-260、279-282）のように、市民の力づけにつながる適切な手法の選択眼が求められる（田口・武田 2016：308）。

　しかし、研究者の間では、アクションリサーチの研究方法の科学的信ぴょう性が問題となることがある。アクションリサーチの研究手法に関するセミナーでは、研究者自身がアクションを起こし、問題に積極的にかかわることで、研究者自身がアクションに直接影響を与える変数の一つとなることから、科学的厳格さの点で危惧されることが指摘されている。また、アクションリサーチは特定の問題に対する研究であることから、再現性のきかない研究であるという批判もある（田口・武田 2016：298-299）。

　他方、社会福祉や福祉政策における実践的研究を取り上げたセミナー（2014年度第3回公開セミナー）では、研究手法の科学的信ぴょう性にこだわりすぎると、アクションリサーチそのものが変質するおそれがある、という指摘がなされている（竹端 2016：59）。アクションリサーチの手法に関するセミナーでも、手法の再現性を強調しすぎるあまり、手法のみがフィーチャーされること

(45)

につながり、研究者の視点に立った手法ありきの研究に陥る危険性が指摘されている（田口・武田 2016：302）。

　また、アクションリサーチの方法論に関して、実践的研究者が市民や行政にいかに働きかけていくか、という点も重要である。地域コミュニティにおける災害復興の現場において、アクションリサーチのパートナーとなりうる主体がいないと指摘されている（田口・武田 2016：295）。都市計画やまちづくりの領域でも、持続的なコミュニティを市民自らが創造していくことについて、当事者である市民はどこか他人事のように捉えられている面があり、それが問題であるという（田口・武田 2016：265、295）。

　当事者性は非常に重要であるが、地域コミュニティと長期的にかかわっていくと、市民が主体、あるいは支援や開発の主語としての存在になりえていない、という状況が見えてくることがある[7]。そのような場合には、市民の潜在的な能力を引き出し、当事者である市民自身に当事者意識を形成していくためのアクションリサーチが有効であることが指摘されている。このように、実践的研究者は、協働的実践に長期的にかかわっていくことにより、その地域コミュニティにおける主体の不在に気づき、研究者自身の態度を修正していくことで、主体化、当事者化に向けたアプローチを模索し、働きかけていかなければならないのである。研究者が自身の態度や役割を変えることをせず、当事者性を無視して実践的研究活動を継続し調査結果をまとめるような「後付けアクションリサーチ」は批判されるべき対象であるとの指摘もなされている（田口・武田 2016：305）。

　さらに、実践活動が進展していくにつれて、市民が実践的研究者に依存することもあり、市民自らがアクションを起こしていく術をいかに身に付けていくのかという内発性の担保の問題が指摘されている（田口・武田 2016：306）。また、研究者が地域コミュニティに長期的にかかわっていくことで、主体者不在という問題を生みかねないという危険もあるため、あえてアクションを行わないアクションリサーチが必要となる場合もあるという（田口・武田 2016：

309）。

　以上から、実践的研究者が自身の価値観に自覚的になること、そして、一方的に研究者が学ぶというスタンスではなく、市民も一連の協働プロセスに参画でき、そのプロセスの中で何かを学んで開発していけるようにデザインしていくことが協働型アクションリサーチでは求められる。アクションリサーチにおける科学性の担保と社会有用性の共存という課題は残るものの、協働型アクションリサーチにおいて、研究者が自身の価値基準に自覚的になり、市民のエンパワメントを重視して、研究設計や当事者主体のプロセス評価などを行っていくことを認識することが、市民自治力の形成や向上にとって重要な要素であるといえる。

4. アクションリサーチの「協働性」を特色づける５つの要素と実践知の形成

　前節では、協働型アクションリサーチを特徴づける５つの要素について整理してきた。ここでは、これら５つの要素が実践知を形成するうえで、どのように重要な役割を担うのかという点について、ステークホルダーの役割の観点からまとめてみる。図２は、実践知形成の観点から、５つの要素とステークホルダーの関係について整理してみたものである。

　まず、「当事者性」の要素を見てみる。協働型アクションリサーチを行う前提として市民・行政・研究者など実践に携わる者の「当事者性」が重要であることを確認したが、これを協働型アクションリサーチのステークホルダーに関連して整理してみると、実践知形成に求められるのは、問題に関与する者が主体であることを認識する、いわば、当事者性を自己認識することにある。

　次に、協働型アクションリサーチにおいては、先述のように、当事者間のパートナーシップの形成とそれにもとづく双方向の対話が必要である。これをステークホルダーの視点で検討すると、双方向の対話によって、市民が地域コミュニティで培ってきた知恵、研究者の学術的知識、行政の戦略などを、一方

（47）

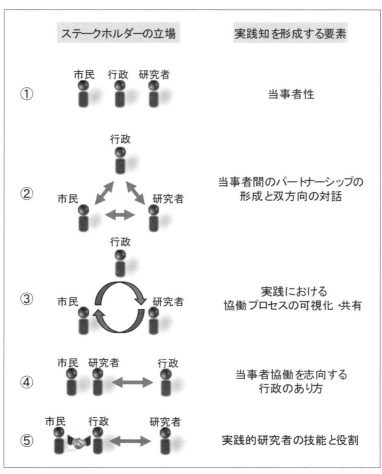

図2　協働型アクションリサーチにおけるステークホルダーの立場と実践知を形成する5つの要素

的に押し付けるのではなく、実践に関する知識として当事者間で相互に伝達し合う関係性を構築することが実践知の形成につながっていく。

　さらに、双方向の対話により得られる気づきや学びを、より精緻化し実践へとつなげていくためには、協働プロセスの可視化と共有が重要である。進行中

のプロジェクトや調査の進捗、調査結果などをいち早く当事者間で共有することにより、継続中の協働的実践を軌道修正するアクションを導き出したり、新しいアクションへとつなげうる。研究者が調査結果を論文化したり、報告書の体裁にしたりすることも重要ではあるのだが、それよりも、いち早く当事者間で協働プロセスを共有することにより、実践知の蓄積とともに、実践知から導き出されるアクションの創出が可能となる。

　「協働性」を深めていくためには、協働的実践に携わる当事者たちが自身の態度や価値観、役割を認識していくことが重要となる。前節では、当事者協働を志向する行政のあり方と実践的研究における研究者の働きかけや役割を協働型アクションリサーチを特色づける重要な要素とした。実践的研究者が自身の価値観に自覚的になること、そして、一方的に研究者が学ぶというスタンスではなく、市民も一連の協働プロセスに参画でき、そのプロセスの中でお互いに何かを学んでいけるような役割を担うことが実践知の形成につながる。また、当事者化されていない市民やパートナーシップを築けない行政に対しては、研究者が彼らにどのように働きかけていくかを検討することも、実践知を引き出していくための鍵となる。

　協働型アクションリサーチを特色づける5つの要素に目を向けることによって、実践の展開を左右する実践知の形成がどのようになされるのかを検討してみると、実践知の形成に際して、5つの要素が独立して影響を与えるのではなく、5つの要素が関連しあうことで、大きな力を与えることがわかる。つまり、当事者性を意識した市民、行政、研究者が、相互にパートナーシップを形成し、協働プロセスの可視化や共有がなされることによって、着実にステークホルダーの行動を通じての実践知が形成され、協働型アクションリサーチの展開につながるのである。

5. おわりに

　市民自治力の形成と向上に資する協働型アクションリサーチを展開するために実践知は欠かせない。とりわけ、協働型アクションリサーチを継続的発展につなげうる実践知とは何かを具体的に掘り下げていくことができれば、より多くの現場において、アクションリサーチの適用が広がっていく可能性がある。そこで、研究会における各講師・コメンテーターの発言記録をもとにして、筆者独自の視座によって、協働型アクションリサーチの特色として5つの要素を抽出し、論じてみた。

　実践的研究によって、社会改善が達成される場合には、実践知の形成と定着がカギを握る。そこで、各セミナーにおける議論や指摘の整理をもとにして、抽出された協働型アクションリサーチに有用な5つの要素 ‐ ①当事者性、②当事者間のパートナーシップの形成と双方向の対話、③実践における協働プロセスの可視化と共有、④当事者協働を志向する行政のあり方、⑤実践的研究者の技能と役割 ‐ と実践知形成の関係についてまとめた（図2）。これら5つの要素にそって、当事者が協働的実践にどのように携わっているかどうか、当事者の「協働性」が深まるかどうか、研究者や行政の役割、技能や意識はどうなのか、などの点が重要であることを指摘した。

　ICT などの革新がもたらす急速な社会変革の可能性を考えると、本章では論じきれなかったさまざまな要素も考慮していかなければならないが、抽出された5つの要素を明確に意識しながら、開発研究、情報・メディア、都市計画、社会福祉などの分野に関わる問題解決のために、協働型アクションリサーチを展開することで、実践知形成と定着を図ることが期待される。

注　記

1）研究班名では、アクション・リサーチ研究班としたが、本書ではアクションリサーチ研究班と表記する。
2）災害復興における当事者性や当事者の主体性については、本書第5章参照。
3）まちづくりにおける当事者間のパートナーシップについては、本書第3章参照。
4）オープンデータ政策やその展開、意義については、本書第4章参照。
5）横浜市が発表している中間計画にも「対話による創造」が戦略として掲げられている（横浜市政策局政策課 2014：32-33、37）。
6）プロセス評価については、宮本・草郷（2014）を参照。
7）市民活動などにおけるリーダーシップについては、本書第6章参照。

引用・参考文献

栗林知絵子・中村みどり、「『未来を変える』草の根の子育て支援活動」、『調査と資料』第114号、関西大学経済・政治研究所、2016年、224-254。

関口昌幸・榊原貴倫、「市民自治力向上と市民によるオープンデータの活用を考える」、『調査と資料』第114号、関西大学経済・政治研究所、2016年、187-223。

田口太郎・武田丈、「アクション・リサーチを通しての研究者と大学の役割」、『調査と資料』第114号、関西大学経済・政治研究所、2016年、255-309。

竹端寛、「アクションリサーチの枠組み外し」、『調査と資料』第114号、関西大学経済・政治研究所、2016年、48-110。

宮本匠・草郷孝好、「住民主体の災害復興に資する地域生活改善プロセス評価手法の有効性―新潟県長岡市川口木沢地区の事例―」、『日本災害復興学会論文集』第6号、2014年、22-31。

山下裕子、「市民が幸せになれる公共空間のつくりかた」、『調査と資料』第114号、関西大学経済・政治研究所、2016年、5-47。

横浜市政策局政策課、『横浜市中期4か年計画　2014-2017』、2014年。http://www.city.yokohama.lg.jp/seisaku/seisaku/chuki2014-/pdf/2014-2017kakutei.pdf（2018年1月8日アクセス）

第3章　ひととまちの新しい関わり方
個人の活動を束ねる「まちづくり」

岡　　絵理子

1. はじめに
2. コミュニティとは
3. 様々な地域コミュニティ
4. まちと住民像
5. 現在社会のコミュニティ
6. ひととまちの新しい関わり方

1.　はじめに

　「まちづくり」という言葉ほど、行政と住民の解釈が異なっているものはない。行政のいう「まちづくり」は、都市計画に沿って造られる道路や橋、公共施設などの都市計画施設、都市基盤そのものや、そのようなハード整備をすることを指している。一方、住民の言う「まちづくり」は、住民同士がコミュニティを醸成して住み良いまちとしていくこと、そのものを「まちづくり」と考えていることが多い。とても柔らかな言葉として用いられており、必ずしもハード整備がイメージされていない。道で人に出会った時、ちょっと挨拶をする、こういう行為が地域まちづくりの出発点と捉えている。少しずつ行政サイドの意識修正が行われつつあるものの、まだまだこのギャップがあるままに、行政は住民参加型まちづくりを推し進めているのが現実である。
　市民が関わりながら都市計画施設をつくること、あるいはルールづくりを行

うこと、このような様々なハード整備に結びつく「住民参加」をおしすすめることが、行政と住民がともに進める「まちづくり」であり、この場合の「住民」は、広い意味での「当事者」である。行政は、「住民参加型まちづくり」のパートナーとして、「地域組織」を挙げている[1]。例えば大阪府豊中市のホームページでは、「住民参加まちづくり」の説明として、「地域の住民が主役です」と掲げ、「地域住民」が「地域まちづくり」の、適格者であることを明示している。しかし実際のところ、行政がまちづくりのパートナーと考える町内会などの「地域組織」に声をかけてもその反応は鈍く、当事者意識が低い場合が多い。これが行政の悩みである。地域の住民組織をまちづくりにおいて機能するものとするためには、その下支えとなる「地域コミュニティ」を活性化する必要があると考えており、地域のコミュニティづくりは、行政にとっては常に大きな課題となっている。

　私はその点に疑問をいだいている。地域住民組織をパートナーとした「まちづくり」が、現代社会において可能であるのだろうかと。そこで本稿では、まず「地域コミュニティ」とはどのように醸成されて来たのか、その「地域コミュニティ」が現在どのようになっているのかを整理し、その上で、改めて人々は街とどのように関わることができるのかを示したいと考えている。

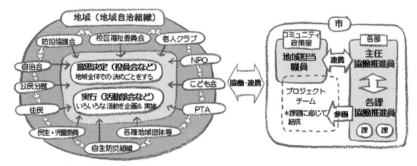

図1　地域と行政の協働・連携のイメージ（豊中市 H.P. より）

第3章　ひととまちの新しい関わり方　個人の活動を束ねる「まちづくり」

2. コミュニティとは

コミュニティとは、一般的には「地域共同体」のことをさす。その代表格が町内会や自治会といった「地縁コミュニティ」である。

住民が「まちづくり」の様々な場面で参画をもとめられる背景には、近年の行政側の経済面が理由としてあげられることもあるが、自分たちのまちを公共的視点に立って考え、ハードのまちづくりに自ら協力することが重要であり、これがハードのまちづくりの基本となる考え方であるからだ。また、まちのことを「一番よく知っている住民」が、自分たちでまちのことを考えることにより、まちへの愛着が強まり、住民がまちへ働きかけることによりスパイラル的によいまちができ、住民の生活が豊かになる、と考えられている。

歴史的にみても、実際日本の多くのまちで、自らが住むまちの環境整備を住民の手によって行って来た。住民が自らの所有する土地を手放して造られた道路、住民の寄付金や寄贈によって作られた小学校や橋などが、数え上げればきりがない。また、1970年代以降は、高度経済成長にともない発生した公害問題など、地域の存続を左右するような大きな課題に遭遇した地域では、地域住民が結束して住環境整備を訴えるなど、現在の住民参加まちづくりの元となるような運動が各地で発生した。現在は、所有する資産である住宅地の価値を上げるためのガイドラインや建築協定づくりなどを住民主体で行っている地域も多い。住環境整備の形は地域の住環境から、地域の資産価値向上にベクトルが向いているようなところもある。その一方で、行政が活動補助金を支出することにより、地域のおける公益的な活動を支援し、地域のコミュニティ活性を期待する施策も行われている。行政は、さまざまな人的、金銭的支援を行いながら地域コミュニティの活性を図っているのである。

まちづくりへ住民の参加、参画を求める行政の後ろ盾として、先ほど豊中市の事例を挙げたが、豊中市を含め多くの市町村で自治推進条例やコミュニティ

条例などが策定されている。行政が「自分たちのまちは、自分たちで考え、自分たちでつくる」ことを基本として住民のまちづくりへの参画、参加を義務とし、条例化しているのである。「住民参加」においては、都市計画（行政の言うところの「まちづくり」）に限らず行政の全ての計画策定や事業に対し、市民の参画がもとめられ、市民公募委員、パブリックコメントなど様々な形で住民参加の機会が設けられている。にもかかわらず、人々の関心は低く、行政は市民公募委員の応募者集めに苦労することも多い。住民説明会を実施しても人も集まらないし、パブリックコメントも集まらない。いずれにせよ、どのような行政も地域の住民による自治組織に期待し、地域まちづくりへの参画を義務とみなし、パートナーを求めている。

3. 様々な地域コミュニティ

コミュニティと言っても、その地域によって在り方は多様である。1999 年、デビット・ラドリンの "Building the 21st Century Home: The Sustainable Urban Neighbourhood"[2] では、コミュニティを三つのタイプで説明している。「村コミュニティ」、「街路コミュニティ」、「郊外コミュニティ」である。一つ目の「村コミュニティ」は先の述べた「地域共同体」である。二つ目の「街路コミュニティ」は、既成市街地での道を挟んだコミュニティで、ジェーン・ジェイコブスが「アメリカ大都市の生と死」でも著しているように、そこには行き交う人々、店を営む人々など多くの人の目があり、そのことが安全な街路を生み出すそのような都市的コミュニティが「街路コミュニティ」である。三つ目の「郊外コミュニティ」は、新たに造られた郊外住宅地のコミュニティのことである。これを閉鎖的コミュニティと説明している。日本以外の多くの国では、大規模な戸建て住宅団地を高い塀で囲み、ゲートを作り、ガードマンを立てて居住者以外の人が住宅地内に入ることを厳しく取り締まっている、そんな住宅地を多く見ることができる。日本では、公道を使う人に制限を

第3章　ひととまちの新しい関わり方　個人の活動を束ねる「まちづくり」

かけることができないため、戸建て住宅地を囲い込むことはできない。したがって、閉鎖的な戸建て住宅地で作ることは難しい。それでも共有地を持つことで管理組合を設立し、閉鎖的な戸建て住宅地は作られている。計画的に開発された住宅地は、用途混在を許さないし、同じ規模の住宅が立っているという点で、物理的には開放されていても、空間的には閉鎖的な住宅地、ある種の人たちだけのコミュニティになっている住宅地が多い。日本人の戸建て住宅地での島国的安全神話に対し、外国のように強いセキュリティラインを持つ戸建て住宅地を作るべきだと主張する研究者もいる[3]。人の目により安全線が保たれているなどと過信することは危ないとの指摘もあるが、私はこれに対しては懐疑的で、物理的ゲーティッドコミュニティには賛成できない。欧米のゲーティッドコミュニティは、住宅地を塀で囲む代わりに、各戸建て住宅の塀は取り払い、窓を開け放ち、庭で安全に過ごすことのできる解放的な住まいを得ている。日本では、戸建て住宅を高い塀で囲まなくてもこれまでは安全が確保されているのであるからその環境を守る努力をすべきである。

　一方、戸建て住宅地ではなく、マンションなど分譲の共同住宅では、敷地を塀で囲むことにより物理的に閉鎖的空間を作っている場合が多くみられる。敷地内の共用空間は、マンションの居住者に限られる。自分たちが所有した敷地だから当たり前として占有する。また、タワーマンションはその最たる例である。閉鎖性がきわめて高い住戸がドア一つで共用廊下に面しており、その共用廊下に入るためにオートロックが用いられている。自身が住む階にしか行けないよう、エレベーターにロック機能を用いている場合もみられるようになっている。このような住まいにコミュニティといわれるものが形成されているかは極めて疑問である。物理的に他人を排除しているはずのゲートも、鍵を持っている居住者についていけば入ることができるし、だれもどの人がこのマンションの住人かを見分けることができないから、ゲーティッドコミュニティが成立しているとは言いがたい。

　このようにラドリンのコミュニティの説明は、家の集まり方によって、人々

(57)

のつながり方を説明しているのでわかりやすい分類とはなっているが、そのまま日本におけるコミュニティの単位と考えることは難しい。

4. まちと住民像

　1985年、上田篤氏の「流民と都市とすまい」[4]では、1980年代当時の日本人を三つに分類している。「旧住民」「新住民」「新々住民」である。「旧住民」は、共同体の中の家に所属する人々で、農村や下町に居住する「お家大事型人間」、「新住民」は、共同体から抜け出した核家族に所属する人々で、団地や山手の住宅地に居住する「子供大事型人間」、「新々住民」は何にも所属しない人々で、都心居住する「自分大事人間」と定義している。
　1973年上田篤氏が朝日新聞に発表した「現代住宅双六・人生泣き笑い」は、まさに共同体から抜け出し、団地をステップの一つとして郊外住宅地に移り住

図2　現代住宅すごろく人生泣き笑い（1973年1月3日　朝日新聞）

第3章　ひととまちの新しい関わり方　個人の活動を束ねる「まちづくり」

んで行く「新住民」の人生を示したものだった。団地は、1951年公営住宅法に「国及び地方公共団体が協力して、健康で文化的な生活を営むに足る住宅を建設し、これを住宅に困窮する低額所得者に対し低廉な家賃で貸与することにより、国民生活の安定を社会福祉の増進に寄与する」と記されているように、その後の1955年日本住宅公団の設立により、所得階層に対応した公共住宅施策の推進体制が確立された。共同体を抜け出した人は、家族を作りながら民間アパートから、公営住宅、公団賃貸住宅、建売住宅とステップアップし、最終的には「庭付き郊外一戸建て住宅」にたどり着き、めでたく「上がり」となることが想定されていたのである。

　さて、それではそれぞれのまちに住む人々はその後どうなったのか。2017年の現在に当てはめて考えてみる。「旧住民」は「お家大事型人間」であったが、家族が次々と家を出て、家を一人で守らなくてはならなくなっており、最後の一人もいなくなり、「家」をどのように畳むかが課題となっている。農

図3　現代住宅すごろく人生泣き笑い（2007年2月25日　朝日新聞）

(59)

山村の空き家問題はほとんどがこのような場合に発生している。「新住民」は「子供大事型人間」であったのに、その子供たちは成人し、家を出てしまい、団地も郊外住宅地も子供のいない単世帯や夫婦世帯が残る住宅地となっている。空き住戸の多発している団地は、その活用を求められ、団地の維持管理が不自由になっており、その再生・再編が課題となっている。戸建て住宅地では、空き家や空き地の維持管理が課題となっている。このようにして日本人の多くが「新々住民」となり、「自分大事人間」となってしまっているのである。

2007年上田篤氏は、日経新聞に「現代住宅双六・人生泣き笑い2007」を発表した。その上がりは、6つ。「自宅生涯現役」、「都心超高層マンション余生」、「外国定住」、「農家町家回帰」、「親子マンショ互助」、「老人介護ホーム安楽」。国の方針は、「老人介護ホーム安楽」から「自宅生涯現役（＋地域包括ケア）」に舵切りをしているところである。

子供のいなくなった「新住民」、大量に都心居住する「自分大事人間」が、まちに関わる可能性はどこにあるのだろうか。

そこで、「自宅生涯現役」の団地タイプ、郊外戸建て住宅地タイプの二つの「新住民」の、現在のデータから見てみよう。

1972年に入居が開始された、京都府八幡市男山団地で実施されたアンケー

図4　京都府八幡市男山団地のUR賃貸住宅群

第3章　ひととまちの新しい関わり方　個人の活動を束ねる「まちづくり」

ト調査結果を紹介したい。男山団地には四つのタイプの住宅がある。男山団地の中心をなす5階建板状団地群は、日本住宅公団（現：UR賃貸）の賃貸共同住宅、日本住宅公団や京都府住宅供給公社が分譲した分譲共同住宅である。ここは1980年には八幡市民の3割が居住していた。現在もおよそ6000世帯、14000人が居住している。その周りに区画整理事業により生み出された分譲戸建て住宅があり、地権者用分譲敷地も含まれる。現在地権者用分譲敷地には、中層マンションや低層のハイツなどが立っている。

　賃貸共同住宅に住む世帯のほぼ半分が長期居住者で、「上がり」を目指してはいたが結果的に住み続けた世帯であった。長年男山団地に住み続けた世帯に「住み続けている理由」をたずねた。自分で住まいを所有している戸建て住宅居住者や分譲共同住宅居住者は、半数が「自分の家だから」（複数回答）と答えた。次いで、「住み慣れているから」という理由が上がった。また賃貸共同住宅の居住者では、4割が「住み慣れているから」と答えた。長年住んでいるのだから地域の人間関係も濃密であろうと思い、「知人や友人が多い」等選択肢を設けたが、この回答の割合は、3〜4％と極めて低いものであった。長年住んでいるから地域コミュニティが醸成されるというのは思い込みであり、「地域コミュニティ」が住み続ける理由にはなっていないことがわかった。

図5　大阪府豊能郡豊能町光風台の戸建て住宅地

(61)

もう一つ紹介するのは、1960年代から開発が進んだ能勢電沿線（川西市、猪名川町、豊能町など）の4住宅地での調査データである。いずれの住宅地も高齢化が進み、世帯主が65歳以上の世帯割合が4割に近づこうとしている。ここでは、世帯主の外出の頻度を聞いた。かつては、毎日大阪の都心に出かけていたサラリーマン世帯だった。しかし現在は、回答者の半数が週に数回、あるいは週1回、月1回しか外出しないと答えたのだ。実際の高齢者率より、アンケート回答者の高齢者率が高かったこともあるが、半数が自宅に引きこもっている状態であったのだ。このような状況にある居住者を「まちづくり」の担い手として行政がパートナーとすることは可能だろうか？

　一方で、「新々住民」はどうなっているだろうか。都心居住の場所として大阪市を見てみよう。平成27年度の大阪市の単身世帯割合は、48.9％。2世帯に1世帯は単身世帯だということになる。近年、居住者が飛躍的増えていると言われる大阪市の都心3区では、北区で61.8％、中央区で65.8％、最もファミリー世帯が増えており小学校が足りなくなっていると言われている西区でも57.4％と、単身者率は極めて高くなっている。家族のいない単身者に、「世帯」を単位にする地縁コミュニティである町内会・自治会を通しての住民参加まちづくりが届くとは考えられない。以上のように「自宅生涯現役」の「新住民」の地域コミュニティへの関心の低さ、ひきこもり状態、「新々住民」の単身者率の高さを考えると、従来の家単位や地域コミュニティをベースとした住民参加の考え方が、通用しないものとなっていることは明白である。

5. 現在社会のコミュニティ

　農村などの地方、郊外、都心いずれでも、まちづくりの担い手をどのように考えるかの重要な局面にきているということである。日本を全体的に見ると、地縁コミュニティを中心に据えてまちづくりを考えることができるところもあるには違いない。しかし、特に都心地域やその周辺の郊外地域では、世帯を単

位にした地縁まちづくりに期待するのではなく、一人一人にアプローチできるまちづくりのあり方を考える必要がある。

　このような考えから、2015年、個人がまちに対して働きかけをしている、そんな事例をいくつか調査した。一人が思い立って、自分の居場所をつくり、そこに人が集まり繋がっている…そのような「個人経営のまちの居場所」をいくつか見いだすことができた。そのようなまちの居場所と、経営者・主催者へのヒアリングを行なった記録を紹介する。

(1) アトリエ Flat（花村周寛氏）

　アトリエ Flat は、地下鉄中央線の緑橋駅から南へ歩いて5分ほどのところにある。外観は、古く大きな町工場のような建物だ。中に入ると、まず目につくのは古い活版印刷の機械。版を組上げるための活字が壁一面に収められている。その二階に住み続けながら、セルフリノベーションしてつくりあげたのが、アトリエ Flat である。

　この古い工場のリノベーションは、イベントとして広く参加者を募り、友人や知り合いと共に進められた。でき上がった空間は映画の撮影等にも貸し出されることもあり、またパーティが催されることもある。俳優、大学の研究者と、多様な顔を持つ花村さんに、このアトリエについて語ってもらった。

　「日常の中で、領域横断的な表現活動の拠点がほしかったのです。その中で自然とコミュニケーションが生まれ、次の話題や活動に転がってことがとても

図6　アトリエ Flat の外観と内部

おもしろい。つながりをつくることが目的ではなく、そのプロセスを重視してきました。ここは私にとっての実験場のような場所です。まだ誰も目をつけていない大阪の東部にアトリエをつくったのも、誰もやっていないことをしたかったから。住んで改修し続けること自体が、自らの表現活動だと考えている」

このように、自分の思いを語ってくださったが、一方この場所を開放して、地元の方々を招き入れるイベントも開催するなど、地域への思いも強い。

(2) 納屋工房 （長谷川香里氏）

納屋工房は、姫路城の目の前、古いオフィスビルの4階にある。広い教室のような貸し出し用のスペースがあり、その奥に長谷川氏の仕事場でもあるデザインオフィスがある。窓には、美しい姫路城がいつも見えている。年齢、性別、職業を問わず、様々な人が訪ねてきて、一人で時間を過ごしたり、あるいはパーティをしたり、教室をしたりと、やってくる人が様々なイベントをつくりだしている。納屋工房の継続的な自主企画もあり、「まちづくり喫茶」という勉強会も定期的に開催する。こだわりの小物類や書物の販売、様々なまちの情報チラシを置き、姫路の情報発信の場でもある。私的な空間とも言えるし、公的な空間になることもある。

デザイナーでもあり、今は大学院生でもある長谷川氏に、この場所について

図7　納屋工房からみた姫路城と、イベントの様子

語ってもらった。

「場所の決め手は、姫路城。姫路城を見ながら過ごす絶好の場所。個人事務所としては広すぎる空間を誰でも自由に使えるスペースにしました。このようなコミュニティスペースの運営を通じて、場の活用のヒントを提供しているのだと思う。この場では、私も含め人の発想がやわらかくなるんです。」

場所づくりのはじまりは必ずしも「まちづくり」を意識したものではなかったが、今では姫路や西播磨のまちづくりの担手が集まる場、情報交換の場となっている。

(3) Common café　山納洋氏

梅田から地下鉄谷町線で北に一駅、徒歩圏内でもある中崎町は、長屋をリノベーションしたカフェや雑貨屋が並ぶ若者に人気のエリアである。そのエリアの入り口にあるビルの地下に、Common café がある。2004年、山納氏が借りて、自費で改修した。今は、日替わり店長のカフェとして使われている。かつて、すぐ近くの扇町に芸術活動の拠点、OMS（扇町ミュージアムスクエア）があり、山納氏もそこに勤めておられたが、そこが廃止されてしまったので、自分でそのような芸術の実験場を作りたいと思ったそうだ。

「カフェである必要もなかったのだけど、カフェをやりたいと思っている人ならいそうだ。だけどなかなかやり始める機会や場所がない、そういう実験の

図8　Common Café への入り口と、地下のカフェ、イベントの様子

できる場として使えるのではないかと考えました。未来のカフェ店主の『試し打ちの場』としての役割がベースとなっています。とは言っても、ここは私がやりたいことをやる場であり、自分が関わらない使い方はあり得ません。もちろん、いいなあと思えるイベントであれば、人に貸すこともあります。地域への貢献や、人のつながりをつくりたいという動機で始めた訳ではなく、ここは私の居場所。」

　このように語る山納氏であるが、中崎町という地域に人々の目がむく、そのような流れにひと役買ったのもこの Common café である。氏のまわりには、まちで何かやりたい人、まちを考えたい人が集まっている。

　このように、一人、個人のちょっとやってみたいという思いが、町に居場所を作り出し、結果として人と人をつなげる場になっている。一人から始まって、個人が個人をサポートするような、場づくりができるのである。たとえば、このような場で「まち」のことが語られ、「まち」で繋がる人のネットワークができる可能性があるのだと思う。

6.　ひととまちの新しい関わり方

　私たちの住まいは、まちとの関係を保ち、つくるようにできていた。例えばまちをつくっていた町家や、借家である長屋はいずれも道路境界線いっぱいに建物が建ち、軒は道に飛び出していて、家の外と中の間には格子戸がはめられており、家の外からは中が見にくく中からは外が見えるようにできていた。外からやってくる人は、インターホンなどは使わずに、まず格子戸を開けて、土間まで入って中に向かって声をかけていた。町家や長屋の土間は、外の人たちが入ることのできる空間として存在していた。そのような家のつながりが、日本的ストリート型コミュニティであり、地域コミュニティを支えていった。

　しかし、住まいが都市から離れるにつれて、家と道、家とまちの間は離れて

第3章　ひととまちの新しい関わり方　個人の活動を束ねる「まちづくり」

いき、前庭ができ、塀ができていく。それでも町とそれぞれのすまいは繋がりをもっていた。戸建て住宅地でも家の前の道はその家に住む人が掃除をしていた。それが、共同住宅になると大きく離れることになった。間には、共同住宅に住む人たちの共用部分ができ、その部分を外から切り離すためのゲートができた。タワーマンションになると、共用空間を共用する世帯数、人の数が膨大になり、誰が同じマンションに住む人なのかそれもわからなくなってしまった。共用部分は誰が通るかわからない空間であるのに、まちからはきりはなされるとう状態になっている。そのような住まいで暮らしながら、人がどのようにまちにかかわるのか、これは難問である。そのような家や地域では実現できない人とのつながりが、新しい場所で作られようとしているのだと考える。

　新しい「まちのコミュニティ」はどのように作られるのか。その大前提は、人が個人としてまちに関わることである。行政側は考えを変える必要がある。まずは、家単位の参加から個人の参加に切り替えること。個人の興味や関心をひきだすのである。次に、市民全員の参加や満足を求めず、2割の人の積極的

図9　吹田市千里南公園で学生たちが開いているカフェ
　　　学生にも、人々にも、新しい居場所となっている。

参加をめざすこと。この後ろには2割の人が参加している姿を目にする6割の人がいる。残りの2割は全く関心を示さないかもしれないが、そのことは気にしない。最後に、楽しいことで人を集めることである。堅苦しい会議ではない。出ると楽しいことがある、そのような機会をつくることである。

　そのための仕掛けづくりには2つの方法がある。その一つは、「人々の居場所づくり」。先に示したような、凝った空間である必要はないが、居心地のいい空間であること、人がいて話を聞いてくれる場所もあれば、誰もいないただ椅子だけがある場所でもよい。居場所を選択できることも大事であるが、まずはまちに顔を出すきっかけを作るのである。そこから次の繋がりが始まるはずだ。2つ目は、「人々の"やりたい"を支援する」。例えばある場所を整備する場合、どう整備するかを話し合うのではなく、その人個人が何をしたいかを聞き出し、その実現に向けて知恵をだしあうのだ。これが個人の活動を束ねる「まちづくり」を生み出すのである。

注　記

1）豊中市ホームページ「地域の自治・コミュニティ」より http://www.city.toyonaka. osaka.jp/machi/npo/jiti/
2）David Rudlin and Nicholas Falk, Building the 21st Century Home,1999
3）竹井隆人、『集合住宅と日本人』、平凡社、2007年。
4）上田篤、『流民の都市と住まい』、駸々堂出版、1985年。

第4章　オープンデータの活用と
市民自治力の向上を考える
～政府の「オープンデータ2.0」戦略と
官民データ活用推進基本法などをてがかりに～

松　井　修　視

1. はじめに
2. オープンデータとは何か、その意義と目的
3. オープンデータ制度をめぐるこれまでの動き
4. 「オープンデータ2.0」戦略の概要と、官民データ活用推進基本法の内容および
　　その存在意義
5. 「世界最先端IT国家創造宣言・官民データ活用推進基本計画」と、地方公共団
　　体における「官民データ活用推進基本条例」等の制定に向けて
6. おわりに

1. はじめに

　2016年5月、日本政府は「【オープンデータ2.0】官民一体となった
データ流通の促進～課題解決のためのオープンデータの「実現」～」[1]
を策定し、これにより日本のオープンデータ政策は、基盤整備的な段階（オー
プンデータ1.0）を終え、データ活用による課題解決を目指す新しい段階（オー
プンデータ2.0）へ入ったとされる[2]。同政策は、「これまでの『電子行政オー
プンデータ戦略』や『新たなオープンデータの展開に向けて』等における基本
的な考え方等を継承しつつ、課題解決型オープンデータの推進の具体的な『実

現』を目指し、これまでの取組を更に強化させていくことが必要である」とし、2020 年までを「集中取組期間」と定め、「オープンデータの更なる深化」「強化分野の設定」「地方及び海外への横展開」等の項目を立て、それぞれについて目標を掲げている³⁾。

今日、オープンデータへの取り組みは世界的な広がりをみせ、日本においても、2014 年 10 月、政府のデータカタログサイト「DATA.GO.JP」が本格運用を開始している。この「DATA.GO.JP」には、現在（2017 年 7 月）、誰もがダウンロードして利用できる 19,368 件のデータセットがリストアップされている。データセット数の組織的な内訳は、国土交通省の 3,822 が最も多く、経済産業省 2,867、厚生労働省 1,857、文部科学省 1,757、環境省 1,711、内閣府 1,550 と続いている。また、データ内容に着目する分類（グループ）によると、行財政 4,774、企業・家計・経済 2,556、司法・安全・環境 2,359、運輸・観光 1,695、教育・文化・スポーツ・生活 1,576 等となっている⁴⁾。

一方、地方公共団体においても、オープンデータに取り組む自治体の数は増え、2013 年 3 月に 4 団体、2014 年 3 月に 30 団体であったものが、2016 年 3 月には 205 団体へと増加している⁵⁾。政府の上記サイト「DATA.GO.JP」の冒頭の「データベースサイト一覧」の小項目、「地方公共団体」をクリックすると、全国の都道府県ごとのオープンデータサイトの数（オープンデータに取り組み、すでにサイトを立ち上げている自治体の数）と同サイトの概要がわかるようになっている。これによると、現在、271 の地方公共団体がオープンデータサイトを開設している⁶⁾。この数字は、全国約 1,800 ある地方公共団体の数からみれば、決して高い割合とはいえないが、大規模自治体などを中心に、日本の全人口の 40 パーセントを超える住民・市民が今やオープンデータを利用できる環境にある⁷⁾。

地方公共団体におけるオープンデータ制度の導入は、上記の「基盤整備的な段階」（オープンデータ 1.0）が終わったとしても、地方公共団体へのさらなる広がりという意味では、まだまだこれからである。しかし、これまでオープン

データに積極的に取り組んできた先進自治体といわれる福井県鯖江市、神奈川県横浜市、千葉県千葉市等における動き[8]をみると、それらの活動の中には、さまざまな工夫と特色ある活用事例がすでに存在している。オープンデータの背景には「オープンガバメント」（開かれた政府）[9]の考え方・思想があり、また「地方自治は民主主義の学校」[10]ともいわれるように、同制度を利用して地域の課題に取り組む自治体・住民の姿が、そこにはある。こうした動きは、すでに政府の上記「オープンデータ2.0」の中で提案されている「データ活用による課題解決」の実例を示しているということもできる。

　オープンデータの推進を目ざす政府の取り組みは、2015年2月の「地方公共団体オープンデータ推進ガイドライン」[11]の策定や、同年6月の上記「新たなオープンデータの展開に向けて」[12]にもみられるように、これまで、地方公共団体の取り組みに焦点をあて、あるいは具体的に地方公共団体のオープンデータへの取り組みを支援するかたち（「伝道師」と名称のつく政府による人材の派遣、データ形式の標準化など）で行われてきたが、上述の2016年5月の「オープンデータ2.0」による新たな提案は、今後、国はもとより、地方公共団体におけるオープンデータへの取り組みをさらに進展・加速させるものと思われる。

　また、政府・地方公共団体におけるオープンデータの実践は、行政機関が保有するデータの公開だけでなく、企業等の民間団体、大学、NPO法人等の有するデータの公開、さらには市民が有するデータの公開も含むものであり、社会の透明化、社会における情報の共有がさらに進み、政府が最も進めたい経済の活性化にもつながっていく可能性がある。

　以下本稿では、オープンデータの意義・目的、同制度の導入をめぐるこれまでの動きを概観したあと、特に政府によるオープンデータ2.0への取り組みや、「官民データ活用推進基本法」および同法に基づく「官民データ活用推進基本計画」の内容や特徴をとりあげ、それらの内容等がオープンデータの活用を通じた市民の自治力向上にどのように影響し、市民の活動に一定の成果をも

たらす環境がどのようなかたちで整備されつつあるのか、検討することにしたい。

2. オープンデータとは何か、その意義と目的

オープンデータは、公共性の高い情報、とくに公共機関が保有する情報を、原則として機械判読可能なかたちで公開し、営利・非営利を問わず、その利用を可能とするものである[13]。これによって、私たちは、国や地方公共団体がネット上公開している機械判読可能なオープンデータを利用し、Web 上で公開されている API（Application Programming Interface）などを使って、同データの「見える化」を図ることができるようになる。たとえば、2014 年3 月に総務省およびオープンデータ流通推進コンソーシアム主催の「オープンデータ・アプリコンテスト」で受賞した「花粉くん」は、花粉症のつらさを、環境省等が提供する花粉飛散量データと Twitter 投稿解析から算出した独自の体感ポイント（花粉、つらい、ポイント（KTP））を使って「見える化」したものである。同時にオリジナルキャラ「花粉くん」が総合花粉情報を毎日知らせてくれる構成となっている[14]。

オープンデータの世界的な推進団体であるオープン・ナレッジ・ファウンデーション（Open Knowledge Foundation, OKFN）は、オープンデータの定義について、次のように説明している。

> オープン（open）とは、誰でも自由にアクセスし、利用、修正することができ、目的に制限されることなく共有することができる（再利用や再配布を行うことができる）ことを意味する。
> もっと簡潔にいえば、オープンデータやコンテンツは、自由に利用し修正することができ、誰でも目的に制限されることなく共有することができる。[15]

第 4 章　オープンデータの活用と市民自治力の向上を考える

　オープンデータは、このように、インターネットを通じて、誰でも自由に利用することができ、再利用や再配布も自由なデータということができる[16]。オープンデータは、政府の保有する公共データを二次利用可能なかたちで民間に開放するものであり、政府保有データを機械判読可能なかたちで提供し、情報の公開というより、情報の活用という側面が強い[17]。

　ビッグデータとの相違については、ビッグデータは、文字通り「大量のデータ」を意味するが、そこにはさまざまな種類・形式の構造化されたデータの他、非構造化データが含まれ、共通する特徴として、多量性、多種性、リアルタイム性等が存する。また、ビッグデータは、「事業に役立つ知見を導出するためのデータ」ともいわれる[18]。

　オープンデータの範囲については、政府や地方公共団体、独立行政法人等の公的機関が保有する公共データを指すことが多いが、もともとオープンデータは、公共データだけでなく、企業の商業用データ、NPO 等の団体や個人が有するデータをも含む概念である[19]。上記「公共データ」は、オープンガバメントデータ（Open Government Data）とも呼ばれ、本稿では、この意味でのオープンデータを主に扱うことになる[20]。

　2012 年 7 月の高度情報通信ネットワーク社会推進戦略本部（IT 戦略本部、2013 年 1 月から IT 総合戦略本部へと名称を変更）決定の「電子行政オープンデータ戦略」は、オープンデータの意義・目的について、「透明性・信頼性の向上」「国民参加・官民協働の推進」「経済の活性化・行政の効率化」の 3 点をあげている。

　「透明性・信頼性の向上」は、公共データが二次利用可能なかたちで提供されることにより、国民が自らまたは民間のサービスを通じて、政府の政策等につき分析、判断が可能となり、これによって行政の透明性と行政への信頼性が高まる、とするものである。「国民参加・官民協働の推進」は、公共データの活用が進展し、官民による情報共有が図られると、官民協働による公共サービスの提供、さらには民間サービスの創出が促進され、公共サービスの迅速かつ

(73)

効率的な提供が可能となり、厳しい財政状況、諸活動におけるニーズや価値観の多様化、情報通信技術の高度化等にも適切に対応できるようになる、というものである。「経済の活性化・行政の効率化」については、公共データの活用により、さまざまな新ビジネスの創出や企業活動の効率化等が促進され、国全体の経済の活性化が図られ、また、国や地方公共団体においても、業務の効率化、高度化が図られる、としている[21]。

これらの意義・目的は、地方公共団体にとっても重要な意味をもち、公共データの公開と活用は、地域の課題解決の有効な手段となることが、上記の「地方公共団体オープンデータ推進ガイドライン」等の中でも強調されている。そこではさらに、「地域の課題を解決する視点からは、住民や民間企業と連携を図りつつ、地域の目標として取り組むことも必要である」とし、このような住民と民間企業の協働による地域課題の解決は、「必ずしも行政事務の負荷を増大させるものではなく、中長期的には行政事務の効率化につながる」ことも少なくない、とする説明を加えている[22]。

3. オープンデータ制度をめぐるこれまでの動き

日本政府は、2001年1月、高度情報通信ネットワーク社会形成基本法（IT基本法）を施行し、同時に既出の高度情報通信ネットワーク社会推進戦略本部（IT戦略本部）を設置した。以降、このIT戦略本部（のちのIT総合戦略本部）や総務省を中心に、e-Japan戦略（2001年1月）、e-Japan戦略Ⅱ（2003年7月）、u-Japan政策（2004年12月）、スマート・ユビキタスネット社会実現戦略（2009年6月）等が策定・提唱され、社会の高度情報化、インフラ整備とその利用、ICTによる社会課題の解決が図られてきた[23]。

このあとさらに、i-Japan戦略2015（2009年7月）、新たな情報通信技術戦略（2010年5月）、「光の道」構想実現に向けて−基本的方向性−（2010年5月）、世界最先端IT国家創造宣言（2013年6月）等が策定・公表され[24]、

オープンデータに関する閣議レベルの提案・記述は、この 2013 年の世界最先端 IT 国家創造宣言の中にみることができる。その内容は「公共データの民間開放（オープンデータ）の推進」と題され、以下のような内容となっている（文中の（中略）（以下省略）は筆者）。

　　公共データについては、オープン化を原則とする発想の転換を行い、ビジネスや官民協働のサービスでの利用がしやすいように、政府、独立行政法人、地方公共団体等が保有する多様で膨大なデータを、機械判読に適したデータ形式で、営利目的も含め自由な編集・加工等を認める利用ルールの下、インターネットを通じて公開する。

　　このため（中略）、2013 年度から、公共データの自由な二次利用を認めるルールの見直しを行うとともに、機械判読に適した国際標準データ形式での公開の拡大に取り組む。また、各府省庁が公開する公共データの案内・横断的検索を可能とするデータカタログサイトについて、2013 年度中に試行版を立ち上げ、広く国民の意見募集を行うとともに、2014 年度から本格運用を実施する。（以下省略）

　　2014 年度及び 2015 年度の 2 年間を集中取組期間と位置づけ、2015 年度末には、他の先進国と同水準の公開内容を実現する。[25]

　この引用文中のデータカタログサイトとは、すでに取り上げた、2014 年 10 月から本格的に運用を開始している DATA.GO.JP のことであり、このサイトの立ち上げにより、日本の政府レベルのオープンデータ制度が具体的に動き始めることになる。

　2013 年に公表されたこの世界最先端 IT 国家創造宣言（この「世界最先端 IT 国家創造宣言」については、以下、単に「IT 国家創造宣言」と称する場合がある）は、その後毎年変更され、2016 年に変更された同 IT 国家創造宣言（同年 5 月 30 日閣議決定）は、最終的に 2017 年 5 月 30 日の「世界最先端 IT 国家創造宣言・官民データ活用推進基本計画」（閣議決定）の策定によって

いったん廃止され、新たな展開をみせることになった[26]。この世界最先端IT国家創造宣言の2016年までの変更・改訂で、特に注目すべきは、2015年と2016年の動きである。

2015年6月のIT国家創造宣言のオープンデータに関わる部分の説明をみてみると、「これまで（中略）、データ公開の側面を中心に環境整備を行ってきたが、今後は（中略）、利活用の促進を意識した対応を行っていく必要がある」（文中の（中略）は筆者）とし、さらに「オープンデータは地域住民、コミュニティ、地方公共団体等の課題の発見（見える化）・解決、さらには超高齢社会の到来に備えた我が国全体の課題の発見・解決等につながることが期待されていることを踏まえ、『課題解決型のオープンデータの推進』に発想を転換する」と述べ[27]、前年度の目標を基本的に継続し、微修正にとどまったそれまでの宣言とは少し内容を異にしている。そこには、基盤整備型から課題解決型へと向かう、オープンデータ制度への取り組みの変化をみることができる。

この発想の転換を明確にしたものが翌年の2016年5月のIT国家創造宣言である。同宣言は、オープンデータに関する小項目の表題を「課題解決のためのオープンデータの『実現』（オープンデータ2.0）」とし、「取組の目的」「主な取組内容」について、以下のように述べている（文中の（中略）（以下省略）は筆者）。

　[取組の目的]
　　データの流通基盤の整備や、データ流通の円滑化と利活用の促進の取組と併せて、国・地方公共団体・民間事業者等が保有するデータを社会全体で共有し、活用するための課題解決型オープンデータの推進の具体的な実現を図る。
　　その際、地方公共団体におけるオープンデータの取組支援に当たっては、全国一律ではなく、地域の特徴を踏まえた自主的な対応を促すことを留意することが必要である。
　[主な取組内容]

第 4 章　オープンデータの活用と市民自治力の向上を考える

・我が国の政策課題を踏まえた強化分野（中略）を設定することにより、オープンデータサイクルを促すとともに、民間事業者等におけるオープンデータ的な取組についても一定の範囲内（中略）で協力を依頼。

・地方公共団体におけるオープンデータの取組について、防災などの地域を跨いだ共通的な分野とともに、各々の地域特性に応じたオープンデータの取組も併行して促す取組を推進。

・防災などの各国共通の課題に関する分野も考慮しつつ、オープンデータの利活用に焦点を当てた新たな指標を策定するするとともに、（中略）国際機関等と連携を図りつつ、海外へ展開。（以下省略）[28]

　ここでは、国・地方公共団体、民間事業者等が保有するデータを社会全体で共有・活用するために課題解決型のオープンデータを具体的に推進していくこと、地方公共団体においては地域の特徴を踏まえた自主的な対応が促されるべきこと、取り組み内容については、オープンデータサイクル[29] を促し民間事業者の協力が求められること、地方公共団体は共通課題等地域を越えた取り組みを行うと同時に、地域の特性に応じた取り組みを推進していくべきこと、などが明らかにされている。

　これらの内容をふまえつつも、新たな取り組みをさらに一歩進めるのが、上記の 2017 年 5 月の「世界最先端 IT 国家創造宣言・官民データ活用推進基本計画」（閣議決定）（以下、単に「IT 国家創造宣言・官民データ基本計画」と称する場合がある）である。閣議決定によるこの IT 国家創造宣言・官民データ基本計画は、「官民データ活用推進基本法」（2016 年法律第 103 号、2016 年12 月 14 日公布・施行）（以下、単に「基本法」と称する場合がある）に基づくものであり、同法のいう「官民データ」は、「人口知能関連技術」「インターネット・オブ・シングス活用関連技術」「クラウド・コンピューティング・サービス関連技術」等によって生成されたネット上のすべてのデータを含むものであるが、この基本法は一方で「日本版オープンデータ、オープンガバメン

(77)

トのための基本法」ともいわれる[30]。この法律は、広く官民データの適正かつ効果的な活用の推進について定め、その目的のため国および地方公共団体に対し、「官民データ活用推進基本計画」の策定を求め、さらに政府に内閣総理大臣を議長とする「官民データ活用推進戦略会議」を設置することなどを特徴とする。これらの基本法および 2017 年の「世界最先端 IT 国家創造宣言・官民データ活用推進基本計画」の内容については、次節以下で取り上げる。

　日本におけるオープンデータ制度導入の動きは、上記の 2013 年 6 月の世界最先端 IT 国家創造宣言からさらにさかのぼる。その取り組みは、2010 年 5 月の「新たな情報通信技術戦略」の（2013 年を目標にした）オープンガバメントの確立を目指す動きから始まり、「電子行政に関するタスクフォース」の設置（2010 年 9 月）、「電子行政オープンデータ戦略に関する提言」（2012 年 6 月）をへて[31]、2012 年 7 月の「電子行政オープンデータ戦略」の決定によって具体化され、シェイプアップされて行くことになる。

　この「電子行政オープンデータ戦略」については、オープンデータの意義・目的を定めるものとしてすでに紹介したが、これはデータの公開を中心に据えた環境整備を行うものであった。その更新・修正版である既出の「新たなオープンデータの展開に向けて」の内容からもいえるが、その後、オープンデータの利活用の面に取り組みの重点がシフトしていくことになる。そして、この動きは、上記、2016 年の IT 国家創造宣言における変更・改訂につながり、さらに 2017 年の「IT 国家創造宣言・官民データ基本計画」の策定へとつながっていく。

4. 「オープンデータ 2.0」戦略の概要と、官民データ活用推進基本法の内容およびその存在意義

　本稿冒頭において述べたように、日本におけるオープンデータ制度は、今日、「オープンデータ 2.0」の段階をむかえ、基盤整備の段階から「データ活用による課題解決」の新たな段階へ入ったといわれる。前述の 2016 年 5 月の世

界最先端 IT 国家創造宣言が、このオープンデータ制度につき、「課題解決のためのオープンデータの『実現』（オープンデータ 2.0)」（同宣言 17 頁）に言及していることはすでに述べた。同じ内容の詳細を同時期（同じ期日の 2016 年 5 月 29 日）に明らかにしたのが、IT 総合戦略本部決定「【オープンデータ 2.0】官民一体となったデータ流通の促進～課題解決のためのオープンデータの『実現』～」[32] である（順序としては、この決定が 2016 年の同 IT 国家創造宣言に盛り込まれることになった）。

　この IT 総合戦略本部決定の内容は、前節で紹介した 2016 年の IT 国家創造宣言の内容と一部重複するが、2020 年までをオープンデータへの「集中取組期間」と定め、政策課題を踏まえて強化分野を設定し、当該分野のデータの公開を推進するとともに、「データの利用者が課題の解決等に取り組む中で、別のデータ公開へのニーズが生まれ、さらにオープンデータ化が進む」という、オープンデータサイクルを促すものである。また、国および地方公共団体はもとより、民間企業等に対してもオープンデータへの取り組みを求めている。地方公共団体における取り組みについては、具体的に、防災等の地域をまたいだ共通分野における取り組みを進めるとともに、地域特性に応じた自主的な取り組みを促すものとなっている。

　同決定は、また、日本における強化分野の設定を行い、その対象として、(1) 一億総活躍社会の実現（希望を生み出す強い経済、夢をつむぐ子育て支援、安心つながる社会保障）と、(2) 2020 年の東京オリンピック・パラリンピック競技大会（大会の円滑な準備及び運営、大会を通じた新しい日本の創造）をあげている。地方公共団体の取り組みについては、防災等地域を越えた共通の分野については地方公共団体間のデータ連携やデータ形式の標準化も検討・推進するとしている。さらに、海外と連携を図り横展開の重要性についても指摘している。加えて、特に今後の進め方については、(1) 体制構築及び進捗管理、(2) データ連携に関する標準化、政府カタログサイトの機能拡充、オープンデータの普及啓発・人材育成、をあげている[33]。ここでの特徴は、

強化分野を上記のように2つの目標・領域に特定し、地方公共団体に対しては、防災等地域にまたがる問題について取り組みを示唆した点にみられる。

この決定の最も評価すべきところは、「オープンデータサイクル」を掲げ、データ利用者がその活動を通じて、新たなデータ公開の必要性に気づき、そのことによって更なるオープンデータ化が進む、としている点であろう。これは、市民によるオープンデータの活用によって、市民の自治力が向上する良きサイクルを示したものとして評価できる。

さて、これらの内容と、「官民データ活用推進基本法」および2017年5月の「世界最先端IT国家創造宣言・官民データ活用推進基本計画」の内容は、どのように関係づけられるであろうか。オープンデータ2.0が掲げる「課題解決のためのオープンデータの『実現』」を可能とするための手立て・方法等は、この基本法および同IT国家創造宣言・官民データ基本計画の中ではどのように明らかにされているのであろうか。

以下本節では、官民データ活用推進基本法[34]の内容を紹介し、その特徴と問題点、さらに評価すべき点について述べる。同法は、4章30条からなり、基本理念として、官民データ等情報の円滑な流通の確保、新たな事業の創出、国際競争力の強化、情報を根拠とする効果的・効率的な行政の推進、等を掲げる。なお、同IT国家創造宣言・官民データ基本計画については、次の第5節でとりあげる。

この官民データ活用推進基本法は、まず第1章の目的のところで、日本には急速な少子高齢化等の問題があることを指摘・確認し、その解決のための環境整備の重要性と、官民データの適正かつ効果的な活用を推進するとともに、そのための国等の責務を明らかにしている。また、官民データの活用に関する施策を総合的かつ効果的に推進し、国民が安全で安心して暮らせる社会等の実現をはかることをうたっている（第1条）。「官民データ」の定義に関しては、「電磁的記録に記録された情報であって、国若しくは地方公共団体又は独立行政法人、もしくはその他の事業者により、その事務又は事業の遂行に当たり、

(80)

管理され、利用され、又は提供されるものをいう」（第2条）としている。

　同様に第1章の基本理念のところでは、官民データ活用の推進は、（1）個人及び法人の権利利益を保護しつつ情報の円滑な流通を確保して行うべきこと、（2）自立的で個性豊かな地域社会の形成並びに新たな事業の創出並びに産業の健全な発展及び国際競争力の強化を図ることにより、活力のある日本社会を実現することに寄与することにより行われなければならない、（3）官民データの活用により得られた情報を根拠として行われることにより、効果的かつ効率的な行政の推進に資することによって行われなければならいない、としている（第3条1～3項）。

　また、官民データ活用の推進にあたっては、（4）安全性及び信頼性の確保、国民の権利利益、国の安全等が害されないようにすること、（5）国民の利便性の向上に資する分野及び当該分野以外の行政分野での情報通信技術の更なる活用、（6）官民データの適正な活用を図るための基盤整備、（7）多様な主体の連携を確保するための、規格の整備、互換性の確保等の基盤整備、（8）AI、IoT、クラウド等の先端技術の活用、について定めている（第3条4～8項）。

　第2章では、「官民データ活用推進基本計画等」に関する規定を置き、政府による官民データ活用推進基本計画の策定（第8条）、都道府県による都道府県官民データ活用推進計画の策定（第9条1項）、市町村による市町村官民データ活用推進計画の策定（努力義務）（第9条3項）について規定している。

　第3章の「基本的施策」においては、手続における情報通信技術の利用等（行政手続に係るオンラインの利用、民間事業者等の手続におけるオンライン利用の促進）（第10条）、国および地方公共団体等が保有する官民データの容易な利用等（官民データの国民によるインターネットその他の高度情報通信ネットワークを通じての容易な利用）（第11条）、個人の関与の下での多様な主体による官民データの適正な活用（個人による官民データの円滑な流通を促進するための基盤整備、必要な措置）（第12条）、利用の機会等の格差の是正（地理的な制約、年齢、身体的な条件その他の要因に基づく情報通信技術の利

用の機会または活用に係る格差の是正措置）（第14条）、情報システムに係る規格の整備および互換性の確保等（国、地方公共団体及び事業者の情報システムの相互の連携を確保するための基盤整備等）（15条）、その他マイナンバーの利用（第13条）、研究開発の推進等（第16条）、人材の育成及び確保（第17条）、教育及び学習の振興、普及啓発等（第18条）等について定めている。

さらに、第4章では、官民データ活用推進戦略会議を設置している。これは、官民データ活用推進戦略会議議長、同副議長、同議員（議長・副議長以外の国務大臣）等をもって構成され、官民データ活用推進基本計画案の策定や同計画に基づく施策の実施等に関する体制の整備を行い、地方公共団体からの情報提供その他の要請に対し、その求めに応じるなど、情報提供の役割をも担っている（第20条〜27条）。

この基本法は、すでにふれたように、「日本版オープンデータ、オープンガバメントのための基本法」ともいわれるが、残念ながら、「オープンデータ」や「オープンガバメント」という表現・言葉は同法にはなく、これまで「電子行政オープンデータ戦略」等の中で説明されてきた「公共データの活用を促進する意義・目的」（特に、透明性の・信頼性の向上、国民参加・官民協働の推進など）に関する確認も説明等もそこにはない。基本的には、同法の目的に、「急速な少子高齢化の進展への対応等の我が国が直面する課題の解決に資する環境をより一層整備することが重要である」[35]とあるように、課題解決の対象を例示的ではあるが「少子高齢化」への対応等の問題にしぼり、その解決のためにネット上にある、あるいはネットを通して利用可能な、官民に関する情報・データを自由に使えるようにすることを目指すものである。オープンデータ 2.0 の「課題解決のためのオープンデータの『実現』」との関連でいえば、同基本法も、政府設定の課題を官民データの利用によって解決し、地方公共団体もそれに協力する、という構図になっているように思われる。次節でみるこの基本法にもとづく「世界最先端 IT 国家創造宣言・官民データ活用推進基本計画」（特に、後半部分の「官民データ活用推進基本計画」）[36]においても、政

(82)

第 4 章　オープンデータの活用と市民自治力の向上を考える

府が解決を目指す課題がより細かに設定されており、国と地方公共団体との一体的な取り組みが強調されている。結果、地方公共団体において地域の問題を住民が自主的に発見し、自らの力で、あるいは地方公共団体と協働で解決していく、ということは、そこでは必ずしも積極的に想定されていない。

　この官民データ活用推進基本法は、「日本経済の規模を 600 兆円に拡大していく上で、キーポイントとなるデータの活用の方向を定めるもの」[37]　ともいわれるように、日本が当面する喫緊の課題を掲げ、その官民のデータによる解決を目指す、日本の経済活性化法としてむしろ位置づけられるものである。加えて、同法では、活用できる「官民データ」として「電磁的記録に記録された情報」のすべてが一括りにされ、そこには、ネット上匿名化された個人情報を含むビッグデータや、マイナンバーを手がかりとして収集される国、地方公共団体、民間事業者の連携情報・データが含まれており、それらは、市民にとって便利というよりも、個人情報・プライバシー侵害等の恐れがあり、脅威となる可能性が高い。確かに、官民データの活用については、同法において個人情報保護法等による権利保護への留意がなされているが[38]、理念法であるこの基本法による実効的な保護はほとんど期待できない。

　しかし、基本法は、このような問題を有してはいるものの、これまでのオープンデータ制度にとっては、他方で、きわめて重要な意味・側面を持っているといわなければならない。以下、この官民データ活用推進基本法のそのような側面・メリットと思われる 3 点について指摘しておきたい。1 つは、これまで日本のオープンデータ制度が具体的に法的な後ろ盾を有しなかったことを考えると、同法が対象とする「官民データ」には当然ながらこれまでオープンデータの対象となってきた情報・データも含まれており、この意味で、この官民データ活用推進基本法はオープンデータ制度に法的な根拠を与える「オープンデータ基本法」としての性格も有しているということができる。これまでの「政策」を根拠にしたオープンデータの活用から、法的根拠を持った活用へと脱却できるというプラスの面がここにはある。いわゆる「政策・計画による行

(83)

政」から、「法律による行政」への転換である。これは米国の例であるが、トランプ政権が、発足時、オバマ前大統領のオープンガバメントサイトをホワイトハウスのウェブサイトから当然のごとく削除したが、法律に基づいたオープンデータ制度であれば、このようなこともなくなるであろう[39]。2つ目は、同基本法の「基本理念」（第3条）に関わる内容が、市民によるオープンデータの利用の際も、参考になり、ルールとなることである。これは、国や地方公共団体、民間事業者による官民データの利用においても、従うべき基準となりうる。これに実効性を持たせるためには、同基本法に基づく「基本計画」の作成において国民の意見を十分に反映させ、地方公共団体においては、自治体における同「基本計画」策定について定めた同法第9条3項に基づく[40]、「基本的な計画」（条例）等の住民による制定が必要となってくる。

　最後に、基本法はその第5条「地方公共団体の責務」で「地方公共団体は、基本理念にのっとり、官民データ活用の推進に関し、国との適切な役割分担を踏まえて、その地方公共団体の区域の経済的な条件等に応じた施策を策定し、及び実施する責務を有する」[41]と定めているが、この規定は、上記同法第9条3項の規定とともに、市民による地域問題の解決等を後押しする側面をもっている。これらの規定の存在を根拠に、地方の住民・市民が、次節で取り上げる横浜市の例にみるような官民データ活用推進基本条例（オープンデータ条例）等の制定を要求して、地域のニーズにあった官民データの活用を実現していくことが可能となろう。この意味では、この「官民データ活用推進基本法」を、これまでのオープンデータの活用に関わる動きの中で確固たる法的な根拠として位置づけ、地方公共団体等においては、条例の制定などを梃子として、市民力の向上に役立つツールとして利用役立てていくことが期待される。

5. 「世界最先端 IT 国家創造宣言・官民データ活用推進基本計画」と、地方公共団体における「官民データ活用推進基本条例」等の制定に向けて

　ここでは、前節で紹介した「官民データ活用推進基本法」に基づいて定め

られた、2017 年の「世界最先端 IT 国家創造宣言・官民データ活用推進基本計画」の内容を紹介し、さらに同基本法の趣旨を受けて制定された「横浜市官民データ活用推進基本条例」[42] の内容を取り上げ、同条例の特徴を概観するとともに、本条例が、市民による官民データ等オープンデータの活用にどのように役立ち、市民力の向上につながる可能性を持っているのか、考えてみたい。

　まず、「世界最先端 IT 国家創造宣言・官民データ活用推進基本計画」の前半をしめる「世界最先端 IT 国家創造宣言」の部分[43] は、「官民データの活用」に関しては、「Ⅱ−3『官民データの利活用社会』のモデルの構築」と題し、「我が国の置かれた諸状況を踏まえたデータ利活用による新たなライフスタイルの提案」（Ⅱ−3−(1)）、「官民データの利活用に向けた環境整備」（Ⅱ−3−(2)）、「我が国が目指す社会の構築等」（Ⅱ−3−(3)）をあげて、説明を加えている。特に「官民データの利活用に向けた環境整備」[44] のところでは、(1) 官（政府、地方公共団体）と民（国民、事業者等）の双方におけるデータ共有の必要性、(2) 利活用が容易になること、を強調し、そのための「基本的施策」として、「国、地方公共団体等のオープンデータの促進」「官民データの取扱いに係るルール整備」「デジタルデバイド対策、研究開発、人材育成、普及啓発等」などをあげている。

　オープンデータについては、「官民データを様々な主体が容易に活用できるようにするため、国、地方公共団体等におけるオープンデータを推進する。また、国や地方公共団体等は事業者等の利益や国の安全等が害されることがないよう、競争的領域と公益の増進に資する協調的な領域に配慮しつつ、事業者等の協調分野でのオープンデータ的な取組を促進する」[45] としているのみで、「オープンデータ 2.0」に関する具体的な言及もそこにはない。また、「官民データの活用」については、「Ⅲ 推進体制」として、「官民データ活用推進基本計画の PDCA」（Ⅲ−1）、「他の推進本部等との連携」（Ⅲ−2）を掲げ、あとは「地方公共団体との連携・協力」（Ⅳ）、「事業者等との連携・協力」（Ⅴ）について簡単に述べるにとどまっている[46]。

(85)

以下、本節では、後半部分の「第2部 官民データ活用推進基本計画」[47]（以下、単に「官民データ基本計画」と称する場合がある）の内容に焦点をあて紹介を行い、さらに官民データ活用推進基本法の制定を受けて定められた「横浜市官民データ活用推進基本条例」の内容・意義等について整理する。

　「第2部 官民データ活用推進基本計画」の内容は、「Ⅰ 官民データ活用推進基本計画に基づく推進の施策」と「Ⅱ 施策集」からなる。まず、前者の「基本計画に基づく推進の施策」の中では、同施策についての基本的な方針が提示されている。そこでは、(1) 政策目標を適切かつ明確にすること、(2) 具体的な事実関係に基づいた施策とすること、(3) 関係する府省庁、地方公共団体、事業者等の間で、適切かつ効果的な分担・連携を図ること、(4) 施策やスケジュール、指標の設定については、その利用者である国民や事業者等の視点を重視し、出来るだけ定量的に示すこと、などの方針が明確にされている。

　注目すべきは、この方針に続けて、「基本計画で示す具体的な施策の進め方」に関連して、具体的な施策の実現にあたっては、その施策のメリットを共有しておくべきとして（国民・事業者には具体的な目標を与えるべきとする考え方から）、2020年の東京オリンピック・パラリンピック競技大会の開催までを目途に、この基本計画に基づく施策を実現するよう（国および地方公共団体に対し）要請している点である。そして、施策の対象となる重点分野を掲げている。すなわち、国が官民データを活用して取り組むべき分野として、①経済再生・財政健全化、②地域の活性化、③国民生活の安全・安心の確保といった諸課題へのデータの活用を取り上げ、電子行政、健康・医療・介護、観光、金融、農林水産、ものづくり、インフラ・防災・減災等、移動、の8つを重点分野として指定している[48]。この指定にもとづき、官民データの活用による課題解決の効果を最大にするために、国と地方公共団体が一体的に施策を展開することが重要であるともしている。

　続いてこの基本計画は、上記8分野に関する具体的施策の事例を示し、各々につき、「重点的に講ずべき主な施策」として、1) オンライン化原則、業務の

(86)

第4章　オープンデータの活用と市民自治力の向上を考える

見直しを踏まえたシステム改革、2）オープンデータの促進、3）マイナンバーカードの普及・活用、4）データ利活用のルールの整備、5）データ連携のためのプラットフォームの整備、7）デジタルデバイド対策、研究開発等、を掲げている。特に「オープンデータの促進」の小項目をさらにひろってみると、「国等が保有する行政データの棚卸」「官民ラウンドテーブルの開催（民間ニーズに即したオープンデータ推進）」、「統計データのオープン化の推進・高度化」「法人情報の利活用の促進」「公的研究資金による研究成果のオープンデータ化の推進」等が各分野に共通する項目としてあがっている[49]。

　最後の「Ⅱ　施策集」のところでは、官民データ活用推進基本法の条文に対応するかたちで、官民データ活用の施策について取り上げている。基本法第11条1項・2項に関係するオープンデータの促進に関しては、上記の施策の他、分野横断的な施策として、「オープンデータ・バイ・デザインの推進」もあがっている。これは、「行政が保有するデータについては、オープンデータを前提として情報システムや業務プロセス全体の企画、整備及び運用を行う」[50]とするものである。

　次に、この官民データ活用推進基本法第9条3項にもとづいて制定された「横浜市官民データ活用推進基本条例」（2017年3月28日条例第15号）[51]を取り上げる。これは、議員の提案によるもので、全国で最初の官民データ活用に関する条例である。

　同条例は、全6条からなり、「目的」「定義」「横浜市官民データ活用推進計画」「推進体制の整備等」「協働による官民データ活用の推進」「官民データ活用に関する調査及び研究」について定めている。少々長くなるが、第1条の「目的」を以下に紹介する。

　第1条　この条例は、インターネットその他の高度情報通信ネットワークを通じて流通する多様かつ大量の情報を適正かつ効果的に活用することにより、横浜市（以下「市」という。）が直面する課題を官民協働で分析し、及び解決する環境をより一

層整備することが重要であることに鑑み、官民データの適正かつ効果的な活用（以下「官民データ活用」という。）の推進に関し、情報通信の技術の利用における安全性及び信頼性の確保とともに、個人及び法人の権利利益の保護を前提として、市における官民データ活用の推進に関する施策についての基本的な計画を策定するとともに、推進体制に関する基本的な事項を定めることにより、官民データ活用の推進に関する施策を総合的かつ効果的に推進し、もって官民データ活用により得られた情報を根拠として行われる効果的かつ効率的な市政運営、市内経済の活性化及び市内企業の振興並びに市民が安全で安心して暮らせる快適な生活環境の実現に寄与することを目的とする。[52]

　この「目的」の特徴は、官民データの活用にあたり、1) 横浜市が直面する課題を官民協働で分析し、および解決する環境をより一層整備することが重要であるとし、2) 情報通信技術の利用における安全性および信頼性を確保するとともに、個人および法人の権利利益の保護を前提として、官民データの活用に関する基本的な施策を策定する、としているところにある。これは、地域住民に密着した地方公共団体ならではの規定の仕方ということができる。

　第2条「定義」以下の特徴をみてみると、「官民データ」の定義等については「官民データ活用推進基本法」の例によるとしている。同基本法に定める定義についてはすでに第4節で紹介した。また、同基本法第3章は、官民データ活用に関する「基本的施策」として、これもすでに取り上げたように第10条以下でいくつかの施策を定めるが、これに対して横浜市条例第3条2項は、基本法第8条1項にもとづく上記「官民データ活用推進基本計画」の内容を勘案したうえで、次の6つ、(1) 地方公共団体に係る手続における情報通信の技術の利用 (2) 地方公共団体が保存する官民データの容易な利用 (3) 個人番号カードの普及及び活用 (4) 情報通信技術の利用の機会等の格差の是正 (5) 情報システムに係る規格の整備及び互換性の確保 (6) 官民データ活用に関する教育、学習の振興及び普及啓発、を同市の基本的施策として掲げている。これ

(88)

らの施策の中には、「個人番号カードの普及及び活用」など、当初立法の段階で、「個人番号」は社会保障、税、災害対策の領域に限って使用するとされ、その後その約束を反故にして拡大策が進められるものも含まれるが、おおむね適切な施策の設定となっているように思われる[53]。

その他、横浜市条例第3条は、施策設定に当たっての目標、達成期間の設定（同4項）、官民データ活用推進基本計画を作成したときの市会への報告（同5項）、同基本計画を定めたときのインターネット等による公表（同6項）等について定めている。また、同条例第5条は「協働による官民データ活用の推進」につき、「官民データ」の利用に係るニーズの把握に努めるとともに、「人口知能関連技術、インターネット・オブ・シングス活用関連技術、クラウド・コンピューティング・サービス関連技術その他の先端的な技術の活用等官民データ活用の推進の取組について、その趣旨及び内容を検討し、協働により積極的に当該取組を推進するよう努めるものとする」[54]としている。最後の条文、第6条では、「官民データ活用に関する調査及び研究」と題して、「市は、企業、大学、市民等と連携し、広く官民データが活用されるための在り方について、調査及び研究を行うよう努めるものとする」[55]としている。これらの規定は、横浜市の住民・市民、大学・その他の研究機関、民間事業者の存在をかなり意識して設けられたものということができる。

このように、横浜市条例は、官民データの活用について、同市のこれまでのオープンデータに関する取り組みの実績を踏まえ、公開データの利用の範囲・その利用のための施策に関しては、上記のように国の基本的施策等とは少し異なる視点もみられ、自主・自立、選択的な態度をもって、住民・市民等の目線を大切にしながら、策定を行っているということができる。同条例に出てくる「協働」の言葉は、市民の自治力の存在を前提にしながら、官と民のキャッチボールを大切にする取り組みのあらわれとみることができる。

(89)

6. おわりに

　本稿では、特に、政府のオープンデータ 2.0 戦略、官民データ活用推進基本法および同官民データ基本計画を取り上げ、それらの内容を紹介するとともに、そこに存する特徴、問題点について取り上げた。オープンデータ 2.0 の考え方は、その戦略の副題にもあるように「課題解決のためのオープンデータの『実現』」を特徴とするものであり、それは、いわばオープンデータ政策の基盤的整備の終了を宣言するものである。オープンデータ 1.0 の次に来るこの「オープンデータ 2.0」戦略とは何か、今後オープンデータ制度はどのように展開し、進展していくのか。住民・市民のオープンデータ活用による地域問題の解決に、新しい戦略はどのように影響を与え、有効に働く可能性を有するのか、これらの点を明らかにすることが、本稿の目的であった。そして、この問いに対する答えが、2016 年 12 月に公布・施行された「官民データ活用推進基本法」の制定であり、同基本計画の策定であったと考える。

　官民データ活用推進基本法の内容は、目的と基本理念、基本的施策等からなり、すでにみたように、そこには「オープンガバメント」の思想をうたいこむ文言もなければ、具体的にこれまで政府や地方公共団体で取り組まれてきたオープンデータ活動の成果を積極的に取り入れた内容ともなっていない。冒頭の目的に関する規定の中に、少子高齢化に向かう社会の様々な課題を官民データの活用によって解決することを書き込んでいるが、それらを「官民データ基本計画」と合わせ読むとき、同基本計画の中では、2020 年の「東京オリンピック・パラリンピック競技大会」の開催までを諸課題解決・目標達成の一区切りとするなど、国主導で国と地方公共団体が一体となり、しかも国をあげての経済の活性化が目的化しており、そのため同法は「官民データ活用」法といった傾向性が強い。

　しかし、同基本法では、一方、「官民データの活用」に関する理念、基本的

施策のあり方等について整理がなされており、これらの点は、今後の「オープンデータ政策」のあり方を考えるうえで、また進むべき方向を示すものとして大いに参考になる。また、これまでのオープンデータの活用については、同活用に関する法的な根拠規定がなく、総務省やIT総合戦略本部などの「政策」頼み・次第という側面があったが、今回の基本法制定によってこれが少し解消されたことは大きな一歩といわなければならない。あとは、同法に基づく「官民データ活用推進基本計画」による国及び地方公共団体による「具体的な施策」づくりに国民や地域の住民・市民がどのように関わり、さらに官民データ・オープンデータを使って、さまざまな社会問題、地域の問題にどのようにコミットしていくかが課題となろう。

　横浜市官民データ活用推進基本条例は、同市における官民データ活用の「推進計画」作成において、国の「基本計画」における施策とは多少異なる方針を選択的に示し、また、その第3条では同推進計画のネットなどによる公表を（基本法には同様の規定あり。第8条6項）、第5条では先端的な技術の活用等推進の取り組みについて「官民の協働」を明記し、さらに第6条では官民データの活用のあり方について企業・大学・市民等との連携による調査・研究について定めている。このような官民協働を大切にした内容の基本条例を作り、実際の官民データ、オープンデータの利用に際しても、官民の協働が活かされるような官民データ活用制度の運用をぜひ望みたい。そして、そのような運用が、市民自治力の向上に実質的につながっていくことを期待したい。

　最後に、官民データ活用推進基本法の第3条（基本理念）3項は、官民データ活用の推進にあたっては、国及び地方公共団体は施策の企画・立案が「官民データ活用により得られた情報を根拠として行われることにより」効果的・効率的な行政の推進を旨として、行われなければならないとしているが、これは、「証拠に基づく政策立案」（evidence-based policy making）[56]を意識したものと思われる。今後は、官民データ活用、オープンデータ活用が、このような「エビデンス・ベースト・ポリシー」との関りでも、大いに議論されるよ

うになればよいと考える。官民データ、オープンデータを利用する私たちは、実際の行政の政策提案がどのくらいのエビデンスを持っているか大いに気になり、その証拠を官民データ、オープンデータに求める衝動にかられるからである。「証拠に基づく政策立案」を要求することは、これも大いに市民力向上に関係するといわなければならない。

注　記

1）2016 年 5 月 20 日高度情報通信ネットワーク社会推進戦略本部決定 http://www.kantei.go.jp/jp/singi/it2/densi/opendata2/data_sokushin.pdf（2017.7.22 アクセス）を参照。

2）庄司昌彦「オープンデータの動向」『インターネット白書 2017』p.251 参照。

3）前掲注 1. pp.1-4. 参照。

4）http://www.data.go.jp/data/dataset（2017.7.22 アクセス）を参照。同サイト冒頭の欄の「お知らせ」にはデータセットの更新状況等が、「データ」には、「データセット」「組織」「グループ」の小項目があり、それぞれをさらにクリックすると国のデータセット一覧、内閣官房他省庁ごとのデータセットの数、行財政、企業・家計・経済、司法・安全・環境等グループごとのデータセット数が表示されるようになっている。「データベースサイト一覧」には、国のデータベースサイト一覧の他に、地方公共団体や独立行政法人等のサイト一覧が掲載されている。その他、同欄の「コミュニケーション」のところには、クリックすると、「意見受付コーナー」がある。

5）「オープンデータに取り組む地方公共団体の推移」http://www.kantei.go.jp/jp/singi/it2/densi/kwg/dai4/siryou1-2.pdf（2017.7.22 アクセス）p.13 を参照。

6）「地方公共団体データベースサイト一覧」http://www.data.go.jp/list-of-database/local-government/（2017.7.22 アクセス）を参照。世界最先端 IT 国家創造宣言・官民データ活用推進基本計画」（2017 年 5 月 30 日閣議決定）http://www.kantei.go.jp/jp/singi/it2/kettei/pdf/20170530/siryou1.pdf（2017.7.22 アクセス）の 44 頁には、2017 年 5 月の時点で、国のデータセット数 19,422、取り組み済みの地方公共団体 279 とする記述がある。

7）前掲注 2. p.252 参照。

8）これらの動きについては、さしあたり直井亮裕「鯖江市のオープンデータの取り組みについて」月刊自治研 1. 2015 vol.57 no.664 pp.23-29、「特集／自治体の未来を切り拓くオープンデータ」調査季報〜横浜の政策力 174（2014 年）p.1 以下、「千葉市が取り組む

第 4 章　オープンデータの活用と市民自治力の向上を考える

ビッグデータ / オープンデータ施策群」(2013 年) p.1 以下 www.ospn.jp/osc2013-fall/ pdf/osc2013fall_gov_chiba_city.pdf (2017.7.22 アクセス) などを参照。

9) これについては、前アメリカ合衆国大統領オバマによって 2009 年 1 月に提案された「透明性とオープンガバメントに関する覚書」などを参照。文献としては、Jacob L. Rozman ed., Obama's Open Government Initiative, (Nova 2011) などがある。

10) ジェームス・ブライス、松山武訳『近代民主政治』第 1 巻 (岩波文庫 1929 年) p.160 を参照。

11) http://www.kantei.go.jp/jp/singi/it2/densi/kettei/openda_guideline.pdf (2017.7.23 アクセス) を参照。

12) http://www.kantei.go.jp/jp/singi/it2/densi/aratanaod/aratanaod.pdf (2017.7.23 アクセス) を参照。

13) オープンデータの定義については、さしあたり、庄司昌彦「オープンデータの定義・目的・最新課題」智場 119 号特集号 (2014 年) p.4 以下、林雅之『オープンデータ超入門』(R&D 2014 年) p.8 以下などを参照。

14) http://www.vled.or.jp/odpc-archive/2013contest/award/prize/kahunkun.html (2017.7.23 アクセス) などを参照。

15) OKFN の The Open Definition の定義 http://opendefinition.org/ (2017.7.23 アクセス) を参照。さらに詳細な定義については、Open Definition 2.1　http://opendefinition.org/od/2.1/en/　(2017.7.23 アクセス) を参照。

16) ここでのオープンデータの説明については、「オープンデータは、公的機関が保有するデータを、民間が編集・加工等をしやすい形で、インターネット上で公開するもの。オープンデータにより、公的機関が有する大量・多様なデータを、コンピュータで高速に、横断的に組み合わせて処理・利用することが可能となる。」早田吉伸「内閣官房におけるオープンデータの取組～世界最先端の ITC 国家を目指して」調査季報 Vol.174 (2014 年) p.20. などを参照。

17) オープンデータの特徴については『平成 25 年版情報通信白書』p.195 以下参照。

18) ビッグデータの特徴については、『平成 24 年版情報通信白書』p.153 以下参照。

19) 豊田健志「オープンデータのビジネス活用の現状と課題について」みずほ情報総研レポート Vol. 10 (2015) p.2 参照。

20) この意味でのオープンデータは、上記注 16 の定義・説明に近い。

21) 電子行政オープンデータ戦略 http://www.kantei.go.jp/jp/singi/it2/pdf/120704_siryou2.pdf (2017.7.23 アクセス) pp.1-2 参照。

22) 前掲注 11. p2. 参照。

23) これらの戦略・政策については、さしあたり、総務省・ユビキタスネット社会の実現

(93)

に向けた政策懇談会『よくわかる u-Japan 政策 2010 年ユビキタスネット社会実現のための工程表』（ぎょうせい 2005 年）や総務省編『平成 21 年版情報通信白書』、ICT ビジョン懇談会報告書—スマート・ユビキタスネット社会実現戦略— http://www.soumu. go.jp/main_content/000026663.pdf（2017.8.25 アクセス）などを参照。

24）これらの戦略・構想等については、本文や他の注で掲げるものの他、i-Japan 戦略 2015 http://www.soumu.go.jp/main_content/000030866.pdf（2017.7.25 アクセス）、「光の道」構想実現に向けて 取りまとめ http://www.soumu.go.jp/main_content/000094716. pdf（2017.7.25 アクセス）などを参照。

25）世界最先端 IT 国家創造宣言（2013.6.14 閣議決定）http://www.kantei.go.jp./jp/ singi/it2/kettei/pdf/20130614/siryou1.pdf（2017.7.25 アクセス）pp.6-7.

26）2016 年の世界最先端 IT 国家創造宣言については http://www.kantei.go.jp./jp/singi/ it2/kettei/pdf/20160520/siryou1.pdf（2017.7.25 アクセス）を、2017 年の世界最先端 IT 国家創造宣言・官民データ活用推進基本計画については、http://www.kantei.go.jp./jp/ singi/it2/kettei/pdf/20170530/siryou1.pdf（2017.7.25 アクセス）を参照。

27）2015 年の世界最先端 IT 国家創造宣言 http://www.kantei.go.jp./jp/singi/it2/kettei/ pdf/20150630/siryou1.pdf（2017.7.25 アクセス）pp.11-12 参照。

28）前掲注 26.p.17.

29）オープンデータサイクルとは、「特定の分野のオープンデータを促進し、利用者が課題の気付き・解決に取り組む中で。別のデータの公開ニーズ等が生まれ、更なるオープンデータ化が進むこと」である。前掲注 25. p.17 の注 30 を参照。

30）西田亮介「日本版オープンデータ（官民データ活用推進基本法）から抜け落ちる政治と政治資金の情報公開」http://news.yahoo.co.jp/byline/ryousukenishi da/20161225-000658671（2017.7.25 アクセス）などを参照。そこでは、官民データ活用推進基本法の内容はビジネス面での利活用に特化され、オープンガバメントの目指す「透明性の改善」「参加の促進」「協働の促進」の観点が抜け落ちているとしている。

31）「電子行政に関するタスクフォースの設置」については http://www.kantei.go.jp/jp/ singi/it2/denshigyousei/konkyo.html（2017.7.25 アクセス）を、「電子行政オープンデータ戦略に関する提言」については http://www.kantei.go.jp/jp/singi/it2/pdf/120704_ siryou2.pdf（2017.7.25　アクセス）を参照。

32）前掲注 1. 参照。

33）同 pp.3-5 参照。

34）この官民データ活用推進基本法の本文については、さしあたり、http://www.kantei. go.jp/jp/singi/it2/hourei/detakatsuyo_honbun.html（2017.7.27 アクセス）を参照。

35）同第 1 条（目的）を参照。

第4章　オープンデータの活用と市民自治力の向上を考える

36）「世界最先端 IT 国家創造宣言・官民データ活用推進基本計画」の特に後半部分の「官民データ活用推進基本計画」において、政府の目指す課題が詳細に示されている。この本文については、前掲注 26. 後段に掲げる URL を参照。

37）福田峰之「『官民データ活用推進基本法』成立に向けて②」（2016 年 10 月）http://fukuroh.air-nifty.com/katsudou/2016/10/post-3049.html （2017.7.27 アクセス）を参照。その他、特別対談「『官民データ活用推進基本法』が変える社会」http://scirex.grips.ac.jp/programs/download/Quatterly-no4-2-2017-02.pdf （2017.7.27 アクセス）p.7 以下を参照。

38）前掲注 34、官民データ活用推進基本法第 3 条などを参照。

39）以下は、トランプ大統領が、就任当時、オバマ前大統領のオープンデータに関するホームページをホワイトハウスのウェッブサイトから削除する経緯をとりあげたもの。

・Trump removes "Open Government" from White House Website 〜 Sorry, the page you're looking for can't be found.

・Content on the Obama White House's open government initiatives have been archived at: https://obamawhitehouse.archives.gov/.

＊ https://g0v.news/trump-removes-open-government-from-white-house-website-5f7c4feb7c18 （2017.6.30 アクセス）

40）前掲注 34。官民データ活用推進基本法第 9 条 3 項は、「市町村（特別区を含む。）は、官民データ活用推進基本計画に即し、かつ、都道府県官民データ活用推進計画を勘案して、当該市町村の区域における官民データ活用の推進に関する施策についての基本的な計画（次項において「市町村官民データ活用推進計画」という。）を定めるよう努めるものとする」と定めている。

41）前掲注 34、官民データ活用推進基本法第 5 条を参照。

42）この横浜市官民データ活用推進基本条例本文については、http://www.city.yokohama.lg.jp/ex/reiki/reiki_honbun/g202RG00001908.html （2017.7.30 アクセス）を参照。

43）前掲注 26 の「第 1 部 総論」pp.3-19 の部分を参照。

44）同 pp.12-13 を参照。

45）同 p.12 を参照。

46）「Ⅲ 推進体制」から「Ⅴ 事業者等との連携・協力」までは、同 pp.15-19 を参照。

47）前掲注 26 の「第 2 部 官民データ活用推進基本計画」p.20 以下の部分を参照。

48）同 p.22 参照。

49）同 pp.27 〜 35 までの各図表および説明の中の「オープンデータの促進」に関する項目を参照。

（95）

50) 同 p.45 注（32）.

51) 前掲注 41 を参照。

52) 同、横浜市官民データ活用推進基本条例第 1 条。

53) 個人番号、マイナンバー制度の問題点については、さしあたり、拙著「マイナンバー制度のしくみと問題点、拡大する利用の範囲」関西大学人権問題研究室紀要第 71 巻（2016 年 3 月）pp.1-25 を参照。

54) 前掲注 41 を参照、横浜市官民データ活用推進基本条例　第 5 条。

55) 同 6 条。

56) さしあたり内閣官房行政改革推進本部事務局「〈テーマ〉政府の機能強化と守備範囲」http://www.cas.go.jp/jp/seisaku/kataro_miraiJPN/dai9/siryou1.pdf（2017.7.30 アクセス）p.3 以下などを参照。

引用・参考文献

ジェームス・ブライス著　松山武訳　『近代民主政治』第 1 巻（岩波文庫　1929 年）

庄司昌彦　「オープンデータの定義・目的・最新課題」『智場』　第 119 号特集号（2014 年）

庄司昌彦　「オープンデータの動向」　インターネット白書編集委員会編『インターネット白書 2017』（インプレス R&D　2017 年）

総務省・ユビキタスネット社会の実現に向けた政策懇談会編『よくわかる u-Japan 政策：2010 年ユビキタスネット社会実現のための工程表』　ぎょうせい（2005 年）

豊田健志　「オープンデータのビジネス活用の現状と課題について」『みずほ情報総研レポート』　第 10 巻（2015 年）

直井亮裕　「鯖江市のオープンデータの取り組みについて」『月刊自治研』　第 57 巻 664 号（2015 年）

林雅之　『オープンデータ超入門』（インプレス R&D　2014 年）

早田吉伸　「内閣官房におけるオープンデータの取組〜世界最先端の ITC 国家を目指して」『調査季報　特集：自治体の未来を切り拓くオープンデータ』　第 174 号（2014 年）

松井修視　「マイナンバー制度のしくみと問題点　拡大する利用の範囲」『関西大学人権問題研究室紀要』　第 71 巻（2016 年）

横浜市政策局政策課　『調査季報　特集：自治体の未来を切り拓くオープンデータ』　第 174 号（2014 年）

Daniel Lathrop, Laurel Ruma ed., Open Government (O'REILLY 2010)

Jacob L. Rozman ed., Obama's Open Government Initiative (Nova 2011)

Joel Gurin, Open Data Now; The Secret to Hot Startups, Smart Investing, Savvy marketing, and Fast Innovation (Mc Graw Hill Education 2014)

第5章　災害復興のアクションリサーチ
～内発的な復興のきっかけとなる5つのツール～

宮　本　　匠

1. はじめに―復興の主体形成―
2. よりそう―足湯ボランティア―
3. つなぐ―被災地どうしの交流―
4. つたえる―被災者がつくる災害記録集―
5. かんがえる―被災者による復興の評価―
6. そなえる―被災者がつくる防災教育教材―
7. 当事者の力を「おこす」

1.　はじめに―復興の主体形成―

　内発的な復興にとって、つまり被災当事者による主体的な復興にとって最も重要な問題とは、そこに復興の「主体」が存在しているのかという問題である。復興の主体が不在の時は、どんなよい制度も、仕組みも、支援も功を奏さないばかりか、かえって当事者の主体性を奪ってしまったり、状況を悪化させたりすることさえある。では、復興の主体が不在であるとは、どのような事態だろうか。例えば、災害による被害があまりにも甚大であったり、そもそも被災地が災害以前から過疎高齢化に悩まされ、積極的な未来を構想することが困難なとき、被災者は諦め感だったり、もう自分にはどうしようもない問題なのだと無力感を抱いたり、無力である以上誰かに頼らざるをえないという強い依存心を抱くことがある。つまり、復興の主体が不在であるとは、そこに復興の

(97)

主体たる被災者が存在しないというわけではない。被災者は存在するが、以上のような諦め感、無力感、依存心によって、復興を自らの力が及ばないものと捉え、復興の主体たりえていない状況が、復興の主体が不在であるということだ。それではどのようにして被災者が復興の主体となりえるのか、復興の主体形成が問題となる。

　筆者はこれまで、内発的な復興のダイナミックスを理論的に探究したり、その支援のあり方を整理したりしてきた[1]。その論理を簡単にふりかえるとこうである。よりよい状態をめざすという支援は、よりよい状態としての未来に照らしあわせて現在を見ているという点で、「今は未だ十分ではない」という現在の否定を暗黙の裡に含んでいる。このとき、すでに当事者が自らを何らかの理由で無力な存在として受けとめているとき、よりよい状態をめざす支援は、その無力感を強めるように働いてしまう。ではどのような支援が有効なのか。当事者は現在の状態を「未だ十分ではない」、無力だと捉えているのだから、そうではなくて、当事者が気づいていないすでに現在に満たされてあるもの、当事者がもつ潜在的な力に気づくような、言わば現在の肯定につながるようなかかわりが重要なのである。ここで、当事者が目の前の問題に対して自らが取り組むことが可能なのだと思えるとき、よりよい状態をめざすことが可能となる。ここで、当事者は、当初のよりよい状態をめざす支援において、支援の対象であったところから、よりよい状態をめざす主体へと変動する。これが、主体形成のプロセスである。

　それでは、具体的にはどのような支援のあり方が、被災者の主体形成につながりうるのだろうか。本稿では、内発的な復興のきっかけとなる、つまり復興の主体形成に資する5つのツールについて紹介したい。そもそも、当事者が主体性を発揮できないときに、支援がかえって状況を悪化させるという問題は、ひろく支援やアクションリサーチにとっても、共通の課題ではないだろうか。その意味で、ここで紹介する5つのツールは、災害復興以外の現場でも活用できるものもあると思うし、少なくともそのエッセンスはひろく共有できるので

第5章　災害復興のアクションリサーチ

はないかと考える。ちなみに、5つのツールの多くは、筆者が長くアクション
リサーチを継続している新潟県中越地震の被災地の事例から取り上げている。

2.　よりそう[2] —足湯ボランティア—

　内発的な復興に、いきなり「足湯？」と読者は驚かれたかもしれない。しか
し、これは現在最も定着した災害ボランティアのツールのひとつである[3]。足
湯ボランティアは、主に災害直後の避難所や、仮設住宅の集会場などで行われ
てきた。阪神・淡路大震災のときに、東洋医学を学んでいたボランティアグ
ループがはじめたもので、その後新潟県中越地震など多くの被災地で行われる
ようになった。足湯ボランティアでは、被災者とボランティアが1対1で向き
あう。そして、被災者に足をお湯につけてもらい、ボランティアがその手をさ
する。足をお湯につけ、手を触れられていると、なんとも気分がよくなる。避
難所は床が冷たく、体が冷えてしまう。また、災害直後は、入浴も十分にでき
ない状況にあることが多い。足湯は下半身を温めることで、体調を整え、さら
にぐっすり眠れるようにする効果がある。まずは、「ほっと」一息つけること
が、足湯の意義である。

　さらに、足湯をしていると、被災者の口から、ぽろぽろと「つぶやき」が聞
こえてくる。この「つぶやき」には、たくさんの情報がつまっている。見ず知
らずのボランティアが、「何か困っていることはありませんか？」とたずねて
も、被災者からかえってくるのは、「大丈夫です」といった言葉であることは
少なくない。ところが、足湯においては、「なんかよく眠れなくてねえ」、「引っ
越したばかりで、あまり知りあいもいなくて」といったつぶやきが聞こえてく
る。すると、どうして眠れないのか、避難所の夜の様子はどうか、ひょっとし
たら布団が足りないのか、知りあいがいないのなら救援物資はきちんと届いて
いるか、知りあいをつくれるような場をどうしたらつくれるか、などなど、い
ろんな支援のあり方を考えることができるようになるのである。このように、

(99)

足湯ボランティアを通じて、被災者の置かれている状況を細かに把握できるようになり、潜在的なニーズを掘り起こすことができる。そして、被災者の状況によっては、個別の専門家につなぐといったこともなされている。

　しかし、足湯ボランティアにおいて、最も重要なことは、このようなニーズの掘り起こしにあるのではない。最大のポイントは、足湯ボランティアから生まれる関係性にある。足湯ボランティアを通してこぼれてくる「つぶやき」には、先に述べたような困っていることだけではなくて、目の前の被災者がそもそもどのような暮らしを営んできたのか、何を大切に思って生きてこられたのかについての語りも多分に含まれている。「春になったら山菜採りよ。ふきのとうを見たら、体が勝手に動き出すんよ」、「家に住んでるんは人間だけじゃない、神さんも仏さんも住んでるんよ」というように。すると、ボランティアにとって、目の前の人は「被災者」ではなくて、春になったら山菜採り、夏は野菜づくりで、秋にはキノコとりにでかけ、豪雪の冬は家で友達とお茶のみをするのが楽しみで、家族を思いやりながらどこどこでくらしている「○○さん」という具体的なひとりの個人として浮かび上がってくる。

　被災者にとっても同様だ。会話をしているうちに、目の前の「ボランティア」が、大阪から来ていて、変わった訛りがあって、どこか頼りないけど、見ていると自分の孫のように見えてくる「○○さん」というように、やはり具体的な個人としてあらわれはじめる。こうして、足湯ボランティアを通して、「被災者とボランティア」ではなく、「○○さんと○○さん」という関係が生まれていくのである。だから、足湯ボランティアは、一回こっきりで終わってしまうというより、自然と何度も同じ被災者のもとに通って、活動を継続する例が多い4)。また、足湯ボランティアで訪れるだけでなく、季節の折々に手紙を交わし始める例も少なくない。足湯を通して生まれるかけがえのない関係は、被災者が深刻な被災を受けとめたり、前を向いていくための支えとなる。復興といっても、まずは今日一日を乗りきっていくという局面はある。そんなときに、足湯ボランティアで知りあったボランティアの学生からの手紙が、被災者

を力づけることがある。実際に、学生から送られたはがきを常に買い物鞄にしのばせていた方もいた。足湯ボランティアは、そこから生まれる関係性を通して、被災者の生を根底から支えようとする。

　最後に、足湯の中で交わされる「春は山菜採りよ」というような暮らしに関する語りは、「よく眠れていますか？ごはんは食べられていますか？」といった質問が往還する避難所において、足湯だからこそ生まれる語りだとも言える。例えば、筆者も能登半島沖地震の直後の避難所で足湯ボランティアをしながら海の近くに住む女性に話を聞いているうちに、「あんたに私が採ったワカメ食べさせたるわ！」と言われたことがあった。このような暮らしについての語りから、被災者があらためて自らの暮らしや生活におけるユニークさや、価値に気づくといったことも、足湯ボランティアでは生じる。これらの気づきが、やはり被災者を力づけたり、その後の長期的な復興にとって重要な柱になったりすることもある。

3. つなぐ―被災地どうしの交流―

　復興の主体形成には、足湯ボランティアのような被災者と被災地外の人々との交流だけでなく、被災者、被災地どうしの交流もまた有効である。ここで紹介するのは、「視察研修」と「被災地交流事業」である。「視察研修」とは、被災した人々が、主に地域単位で、他の被災地を学びにいくものである。これが案外、地域の雰囲気を一変させることがあるから驚きである。ポイントは、著しく先進的な取り組みが進んでいるところを学びに行くというよりも、自分たちの地域とできるだけよく似た地域を見に行くこと、以前から名前ぐらいは知っているようななじみのある「ご近所視察」に思わぬ効果があるということだ。

　例えば、新潟県中越地震の震央があった旧川口町（現長岡市）の木沢集落では、当初は、地震前から進む高齢化による強い諦め感があり、地域を元気にす

(101)

る活動になかなか積極的に踏み込むことができなかったのだが、車で1時間ほどのところにある旧小国町（現長岡市）の法末集落を視察することで村の空気が一変した。法末集落は、当時、木沢集落とほぼ同じくらいの世帯数で、木沢と同様に、山の中にある村だった。地震前から過疎高齢化にも悩まされていた。そこで、法末集落の人たちは、廃校を宿泊施設として活用し、都会の子どもたちを受け入れる体験交流ツアーで村の元気づくりを行っていた。木沢の人たちは、自分たちとそっくりの場所、状況にありながら、体験交流の取り組みを積極的に進め、なおかつその活動に誇りと喜びを感じている法末の人々を目の当たりにした。そして、「法末の人たちにできるのだから、自分たちもやればできる」と意識を変えた。実際に、法末からの帰り道のバスの中は興奮した村人が語る夢やアイデアに満ちたのである。法末の人たちのふるまいは、まるで未来の自分たちのように木沢の人たちに映った。実際、この視察から4年後、木沢集落ではやはり地震前に廃校になった小学校を宿泊施設として改修し、外の人達を迎え入れて交流することで村を元気にしていく活動が始まった[5]。

　通常、「視察」をするというのなら、何らかの優れた先進的な取り組みを学びに行くために設計されるのが常であろう。しかし、復興の端緒にあるとき、何らかの活動が未だ始まっていないときには、取り組みの先進度合いというよりも、むしろ自分たちによく似ているところを見に行く方が、当事者の力づけに寄与することがあるのである。さらに、「視察研修」においては、一度、被災地を離れてみるということも功を奏している。被災地を離れることで、自分の地域を客観的に見ることができ、被災地の中では気づかなかった地域のユニークさに気づくことができる。「うちの地域だったら…」という連想ができるのである。また、この視察研修を受け入れた地域も当然元気になる。あらためて自分たちの活動の特徴や強みがどこにあるのかに気づけるし、視察を受け入れるということから誇りや自信を得ることができる。

　この「視察研修」は、例えば仮設住宅入居時にも有効な方策だ。避難所から

(102)

第5章　災害復興のアクションリサーチ

仮設住宅に移ろうというときに、以前の災害で仮設住宅暮らしをしている人の話を聞きに行ったり、実際にまだ仮設住宅が残っているのなら、それを見せてもらいながら、自分たちの暮らしをイメージするのである。実際、新潟県中越地震から3年後に起きた新潟県中越沖地震の際は、中越沖の被災者が中越の仮設住宅居住経験者を訪問する取り組みを行い好評だった。新しく町内会をつくるならどのような工夫が重要か、戸棚はどのように改造できるかなど、具体的なアイデアをもとに被災者が想像できるようになるのである。

　続いて、「被災地交流事業」を紹介しよう。近年では、異なる災害の被災地どうしが交流する機会も多く、それももちろん意義があるのだが、ここでは同じ災害の被災地どうしの交流事業の取り組みを紹介したい。同じ被災地なら、移動に時間もお金もあまりかからないし、まずは気軽に取り組めるものだからである。新潟県中越地震の被災地では、復興の活動に取り組む地域や団体が一堂に会して交流しあう「地域復興交流会議」という催しが、地震から3年後の2007年から2014年にかけて、計6回開催された。毎回100名を優に超える参加者が集まり交流した。当初は、復興基金の制度や各自の取り組みについての情報交換の意味合いで企画されたのだが、実際に催してみると、想像以上に参加者の元気づくりにつながることが分かった[6]。前述した「視察研修」の場で起こる作用が、より集合的に大規模に生じたのである。互いが知りあいになったり、情報交換をしたりすることで、実際の活動で連携が進んだり、新しい活動のヒントとなることもあった。だが、それ以上に、これから活動を始めようという人、これまで困難な状況の中でがんばって活動してきた人たちにとって、「悩んでいるのは自分たちだけじゃない」、「同じような状況で同じように頑張っている人たちがいるんだ」と思えたことで、自信を得られたり元気になれたりしたのだ。このように、復興プロセスにおいて、個人のレベルでも、地域のレベルでも、悩んでいるのは自分だけではないと思えることは、実は当事者の力づけに十分に資することがある。

(103)

4. つたえる─被災者がつくる災害記録集─

　災害が起きると、その経験を記録し、未来に伝えようと災害記録集がつくられることがある。行政がつくることもあれば、消防、学校、個人などさまざまな主体がそれぞれに記録集を作成する。その中で、新潟県中越地震でつくられた災害記録集には、それまでの災害になかったある特徴があった。それは、被災集落が地域単位の災害記録集をつくったことである。中越地震ではおよそ60集落が被災したと言われているのだが、そのうち少なくとも10の集落で地域単位の災害記録集がつくられている。なぜ、これほど多くの集落が記録集を作成したのか。前節で述べたように、中越地震の被災地は、互いに視察をしあったり、集まったり、さらにそもそも集落間でのつきあいがあったりしたため、復興も互いに相互作用を及ぼしながら進んだという経緯があったからである。ある地域が記録集を作成すると聞くと、「うちもやろうではないか」と、どんどん広がっていったのだ。また、「地域単位で」作成されたのは、中越地震で被災した集落は山間部に位置し、人々は互いに助けあいながら生活してきた歴史があるので、個人の復興と地域の復興が分かちがたく結びついており、記録集をつくろうというのにも、自然と主体が地域になったからである。実際に、中越地震では、「災害復興」という言葉よりも、「地域復興」という言葉の方が使われた。

　地域単位でつくられた記録集の中身はさまざまであった。災害記録集だから、災害による被害や、それを地域がどのように乗りこえたのかについての記録がまとめられる。しかし、それだけでなく、多くの記録集では、ひとりひとりの住民の語りや手記がそえられた。また、ユニークな例として、集落に住んでいる人全員の写真が家族ごとにならべられ、まるで集落が家族アルバムのようにまとめられているものもあった[7]。

　被災者自身が災害記録集をつくることには、さまざまな意義がある。まず、

第5章　災害復興のアクションリサーチ

記録集をまとめる作業が地域の人たちが集うきっかけになる。中越でつくられた記録集の多くは、仮設住宅から地域に移る頃、生活再建がようやく落ち着いてきた頃につくられた。中越地震での復興では、さまざまな事情で村を離れて生活再建をする人がいた。だから、記録集がつくられたタイミングは、元の地域の人たちがこれからバラバラになってしまうという時、あるいはすでにバラバラになってしまった時だった。ここで、記録集をつくるという作業が、離ればなれになる人たちが集まるきっかけとなったのである。ムラに残る人、離れる人の間の関係は、ともすれば疎遠なものになってしまう。互いに事情があるのだが、再建の過程で離ればなれになることで、物理的にだけでなく、心まで離れてしまうことは少なくない。そのとき、災害記録集づくりを行うことは、「おれたちこんなに大変だったよね、一緒にのりきってきたよね」という共通の原点を確認することができ、「あのときこうだった」という思い出話において言葉を交わすことができる。さらに、記録集が完成した暁には、離ればなれになった人にも配付したり、完成品を互いに眺めあうこともできる。災害記録集が媒介となって人々の間をつなぐのである。

　また、記録集づくりの中で交わされる会話や、記される手記のあり方にも注目する必要がある。生活再建が整う前後の被災者というのは、本稿の冒頭で述べたような「よりよい状態をめざす」変化と、その中での決断の「締め切り」にさらされ続けている。明けても暮れても生活再建の話題が家庭においても地域においても繰り広げられることになる。もちろん、それらは重要なテーマだから、しっかりと話し合いがなされることが重要である。しかし、そればかりでは疲れてしまう。そもそも、生活再建をめぐる決断というのは、どちらかというといくつかの選択肢から何かを諦めていく過程であることが多い。「自力再建を諦める」、「田んぼを諦める」、「村に戻ることを諦める」というように。だから、一層被災者は心理的にも疲弊してしまうのである。

　ところが、記録集づくりの中で交わされる会話や手記の内容は、これら生活再建に関わる話題と、少し話のトレンドが変わることになる。「苦労したよ

(105)

ね」、「あのときこうだった」という思い出話もそうなのだが、災害をきっかけに確認できた人とのつながりの価値、かけがえのない出会い、そもそもこの地で暮らしてきた意味は何だったのか、これからの地域での生活の思い、などなど、あらためて災害をきっかけに気づいたこととは何だったのか、災害が自分にとってどのようなものをもたらしたのか、そしてこれからどのような思いをもって生きていきたいと考えているのかが、語られたり記されたりするのである。このふりかえりにおいて、被災者が記録集をつくりながら元気になっていくことがある。

　最後に、以上のようなひとりひとりの思いが記録集の中に記されることの意義を考えたい。中越の災害記録集の多くに含まれていた住民ひとりひとりの語り、手記は、一体誰に向けて書かれているのだろうか。通常、行政などがつくる記録集は、災害の教訓を伝えるメモリアル事業としてつくられることが多い。このとき、記録集は未だ災害を経験していない他の地域や次世代に向けられていることになる。では、地域単位の記録集はどうだろうか。もちろん、次の被災地に教訓を伝えたい、記録を残したいという側面も大なり小なりある。しかし、被災者は、まずもって、そこで記した手記を誰が読むだろうかということを知っている。誰か。もちろん、その地域に住む家族、友人、仲間である。だから、地域単位の記録集で記される被災者の語り、手記は、地域の人たちにあてた「手紙」だと捉えることができる。この「手紙」の中で、あらためて互いへの感謝の気持ちと未来への思いを交わしあう。記録集づくりが被災者の力づけに寄与する最大の点は、この互いに贈りあう思いにある。

5.　かんがえる―被災者による復興の評価―

　復興はどのように評価できるだろうか。これまで復興の評価というと、復興に係る事業の評価や、どれだけ災害前の状態に戻ったのかについて量的、質的に評価するものが多かった。それに対して、地震以前から深刻な過疎化に悩ま

されていた新潟県中越地震では災害前の状態に戻すだけでは十分ではないことが容易に想像され、「復興とは何か」という問いを高めるとともに、それに付随して復興の評価についても、従来の評価手法のように、外部の専門家が一義的に決めた指標に基づくものだけではないような評価手法が求められた。そこで導入されたのが、当事者が自らの生活評価をおこなう「地域生活改善プロセス評価手法」である[8]。

地域生活改善プロセス評価手法は、地域住民が地域生活を豊かにするための活動を展開し、地域生活の評価を自ら担うことで、活動の見直しや新たな活動の提案など、実践の改善を促す評価手法である。新潟県中越地震の被災地では、先の木沢集落で、2010年から2017年まで計4回[9]、2014年には木沢集落を含む旧川口町全体で行われた。木沢集落で行われたケースでは、調査項目は、幸福度や生活満足度に加え、地区内外の各種組織についての評価、地区行事への参加の有無、さらには「木沢地区のいいところ」「訪問者に案内したい場所」などを自由に語ってもらうような質問で構成された。これらは、木沢集落に支援者として関わってきた筆者らが、基本的な調査項目を整えつつ、それを集落住民に見てもらい、意見を取り入れながら作成した。調査結果は、各世帯に個別に配付されるとともに、毎回、地域住民が集まる場で報告され、意見交換がなされた。

この調査報告会の場が非常に重要である。調査結果を踏まえて、各自が率直な感想を述べたり、具体的な活動の改善方策を提案したりする。さらに、木沢集落の事例では、第3回の調査結果を報告した後の、2013年12月末から2014年3月にかけて、当時、集落にインターンとして生活していた若者、高橋要さんが呼びかけ人となり、ざっくばらんに現在の生活について語り合う場が計6回設けられた。この話し合いの中で、調査結果の中で最も深刻で切実な問題のひとつだった高齢者世帯の除雪の問題が具体的に検討され、結果的に「木沢雪掘り団」という地域内での除雪の助けあい組織の結成に至っている。このように、地域生活改善プロセス評価手法においては、当事者がその生活評価に主体

(107)

的に関わることで、調査結果についてのオーナーシップが強まり、調査結果を
ふまえた具体的な活動展開へとつながっていきやすいのである。

　旧川口町全体で実践された事例は、このオーナーシップが最大限に発揮され
た。なぜならこの事例では、調査項目の設計から、調査の実施、結果の分析、
報告までほぼすべてが地域住民によって行われたからである[10]。行われたの
は中越地震から10年を迎えた2014年、川口地域の住民で組織されるNPO法
人くらしサポート越後川口と長岡市川口支所による協働事業として実施され
た。調査項目の作成から分析まで計7回のワークショップが開催され、10月
12日に「越後川口みらい会議」と題して、報告会が開催された。ワークショッ
プに参加したのは、調査に関心をもって集まった有志の参加者、延べ人数で
161人。ワークショップでは、最初に、それぞれが関心をもっている事柄につ
いて話し合い、それを具体的な質問項目へと落としていった。調査結果の分析
では、例えばこの結果については世代別に見たらどうなるだろうか、男女別で
見る必要があるのではないかといった意見をふまえて、さまざまな考察が行わ
れた。いずれのワークショップも大盛況で、夜の10時を過ぎても議論が終わ
らないことがしばしばであった。

　報告会の後には、やはり木沢集落の事例と同様に、調査結果を踏まえて必要
な活動が議論され、具体的な活動が展開された。例えば、男性には悩みを相談
できる人が少ないという結果を踏まえて、男性向けの夜の集まりが企画され
た。そして、何より、この一連の調査活動を通して集まった有志のメンバーの
つながりが強まり、それぞれの活動で具体的に連携したり、アイデアを交換し
たりするようになった。実は、有志の参加者は、30代から40代の人が多かっ
た。というのも、地震から10年の節目に次の10年を見据えたときに、それま
での復興に尽力してきた60代から70代の人々から次世代へと世代交代が必要
ではないかという思いが、地域住民や川口の支援に関わってきた人々の間に
あったため、積極的に若手世代に参加が呼びかけられたためである。調査の実
施が、この若手世代のエンパワメントにつながったのだ。

（108）

第 5 章　災害復興のアクションリサーチ

　このように、当事者が主体的に生活評価に関わる地域生活改善プロセス評価手法には、さまざまな意義があるのだが、最後に、この手法がどのように当事者の力づけに資するのかという点において特徴的な部分を紹介したい。木沢集落ではこのような調査結果があった。木沢集落の自然の豊かさについて満足しているか、10 点満点で回答するという質問に対し、2013 年の調査では回答者の 49 人中、22 人が 10 点と回答し、平均点も 8.6 点と大変高い結果だった。これはよくよく考えれば至極当たり前の結果であると言える。なぜなら、木沢集落は標高 330 メートルの山中に位置し、誰がどう見ても「自然は豊か」だろうと思える場所だからだ。だから、木沢集落の人々にとっても、この結果は何ら意外なことではない、きっとそういう回答がされるだろうと予期された結果であったはずである。しかし、このような結果が予期されるような内容であっても、あらためてたずね、それが住民の間で共有されることに重大な意義がある。

　このことを確認するには、アンデルセンの有名な童話、裸の王様を思いおこすのがよい。着物好きな王様が、「自分の地位や役職にふさわしくないものには見えない、この世にまたとない美しい布」があると、いかさま師にだまされて、さも美しい着物を着ているように裸でいばってパレードを歩いたところ、「王様は裸だ」と叫んだ子どもの一言で事態が一変してしまったあの話である。大人たちは王様が裸であることを知らなかったわけではない。しかし、空気を読んで、裸であるとは言わなかったわけだ。その均衡をやぶったのが子どもの一言である。ここで、仮に子どもの一言が、パレードではなくて、例えばその日の家族との夕食時だったとしたら、この言葉は王国を変えただろうか。きっと、親にこう諭されて終わったのではないか。「おまえは子どもだからまだあの美しい着物が見えないんだよ」、あるいは「みんな知ってるけど、王様にそんなこと言ってはいけないんだよ」と。子どもの一言は、王様を含めた王国の人々「みんな」の前で放たれたことでその効力を発揮している。だから、裸の王様から引き出すべき教訓はこうである。私たちがそれぞれなんとなく心

(109)

の中で知っているということと、それが「みんな」の前で言語化されることとは、決定的な違いがあるということだ。

　だから、一見みんながすでに知っているだろうと思えることでも、あらためてたずね、その思いを言語化することは、地域を変える力を秘めている。木沢集落の自然の豊かさについてあらためて評価し、それを報告会の場で「みんな」でながめて共有することで、「やっぱり木沢の自然っていいよね」と確認しあうことができる。そのことが、当事者の力づけに資するのである。このことは、地域生活改善プロセス評価手法だけでなく、広くアクションリサーチにおいて、何らかの調査結果を共有するというときに、その共有の仕方が非常に重要だということを指している。ポイントは、いかに「みんな」の前で言語化されるか、当事者の「われわれ意識」が十分に強く発揮されている場で報告するかどうかによって、調査結果がもたらす力が変わってくるということだ[11]。

6. そなえる―被災者がつくる防災教育教材―

　現在もっともポピュラーな防災教育教材のひとつに「クロスロード」がある[12]。クロスロード（crossroad）とは、「分かれ道」の意味で、そこから転じて、何か重要な決断を下さなければならない事態を指している。「クロスロード」は、災害時のさまざまな局面で経験される「あちらを立てればこちらが立たず」といったジレンマに陥る場面を素材に作成されたゲーム形式の防災教育教材である。もともとは、阪神・淡路大震災を経験した自治体職員へのインタビューから作成された。「クロスロード」の開発者たちは、自治体職員の語りにある共通の構造を見出した。それは、ジレンマに置かれながら選択をしなければならず、果たしてその選択が正しかったのかについて今でも逡巡していることだった。「クロスロード」では、そのジレンマ状況が、開発者によって質問に置き換えられていった。そうやってできあがった質問に対して参加者がYESまたはNOの意思表示をし、その理由を述べていく。例えば、「あなた

第5章　災害復興のアクションリサーチ

は食料担当の職員です。被災から数時間。避難所には 3000 人が避難している
との確かな情報が得られた。現時点で確保できた食糧は 2000 食。以降の見通
しは全くなし。まず 2000 食配る？」という質問に対し、参加者は「YES（配
る）、NO（配らない）」を選んで回答し、その理由を述べるのである。「クロス
ロード」は今や全国の学校や地域などで活用されており、当初の「神戸・一般
編」に加えて、「市民編」、「災害ボランティア編」など多くのバージョンも作
成されている。ここで、紹介するのはその新しいバージョンのひとつ「クロス
ロード：大洗編」である。

　「クロスロード・大洗編」は、「クロスロード」の開発者の一人である京都
大学防災研究所の矢守克也さんのもとで大学院生として学んでいた李旉昕さ
ん（現在は京都大学防災研究所特定研究員）が中心になって作成したものであ
る[13]。「クロスロード：大洗編」の最大の特徴は、設問作成者もゲームのプレ
イヤーも被災者自身である点である。李さんは、東日本大震災の後に茨城県大
洗町でフィールドワークを続けてきた。大洗町は地震、津波による被害に加え
て、福島第一原子力発電所の事故による放射能汚染への不安や、その風評被害
の問題に苦しめられてきた。大洗町には美しい海水浴場があるのだが、観光客
も一時は震災前の半分に落ち込み、また漁業においても「魚をとっても売れな
い」時期が続いた。この放射能汚染への不安をめぐる問題の難しさは、その危
険性が専門家の間でも意見が分れていて、どの情報をもとに判断を下せばよい
のかわからないことにある。さらに、個々人の置かれた立場によって生活の優
先事項も考え方も異なってくる。そのため、放射能汚染への不安は、大洗の
人々にとってあまりに複雑で深刻な状況として見えたために、判断することを
避けてしまったり、誰かと積極的に相談することが難しい問題となっていた。
まさに、復興にむかっていく大洗の人たちの主体性を脅かしつつあったのであ
る。

　ここで李さんが行ったことは、大洗町に生きる立場の異なるさまざまな人々
に、自身が抱える葛藤をクロスロードの質問として作成してもらうことだっ

(111)

た。作成したのは、漁師、民宿業者、消防団員、そして住民の人々である。例えば、次のような質問がつくられた。「あなたは漁師。現地の漁業は原発事故により風評被害を受けている。Facebook で情報発信して安全性をアピールしようと思うが、かえって風評被害を大きくしてしまう恐れもありそう。あなたはどうする？ YES：情報発信する／NO：情報発信しない」。これは、実際に震災後に Facebook で情報発信をしたことを後悔している漁師が作成したものである。「クロスロード：大洗編」は質問だけでなく、質問作成者がなぜその質問を作成したのか、その背景にある事情を説明する「本人解説動画」が添付されている。実際、この漁師も「まあなんで後悔したかというと、風評被害だから売れない、原発事故だから売れないというのを、だからアピールしちゃったんじゃないかなって…」というように語っている。

このようにして作成された「クロスロード：大洗編」を、作成者を含めた大洗町住民でプレイしてみる機会を設けているのが、李さんの実践の面白い点だ。すると、先ほどの質問だったら、例えば「気にせずに発信していこう」と述べる人も出てくる。しかし、作成者の漁師は、「そう言われて自分の気持ちはほっとするが、でもやはり今は放射能を取り扱う情報は扱いたくない」と反応する。その中で、そもそも Facebook による 1 回の投稿だけでは事態は変わらなくて、自分たちの漁師の仕事の姿を世間に見せること、魚を食べている姿を見せることを地道に続けることが自分たちに出来ることではないかという意見が出て、じゃあ魚のレシピを発信しよう、自分たちが働いている写真を見てもらおうと、場の雰囲気が明るくなったりする。このやりとりの中で、互いの立場の違い、考えの違いを認め合いながら、では自分たちに何ができるのかということが議論されるようになるのだ。こうして、大洗町の人々の間に復興に向かっていく主体性が回復されるようになる。

災害からの復興過程において、異なる考えをもつ人、異なる選択をする人どうしが、互いの違いを理解したり、共感したりすることは非常に重要である。しかし、それぞれの選択は強い葛藤の末だったり、何かゆずれない切実な事情

に裏打ちされたりしているために、それとは異なる選択を選んだ人たちと、互いの考えの違いを共有することは非常に難しかったり、そもそもそのような機会が存在しなかったりする。「クロスロード：大洗編」は、そのギャップを架橋する。興味深いのは、それが「ゲーム」である点だ。ゲームとして扱われることで、それぞれの仮想のストーリーの登場人物に仮託して、人々が意見を言えるようになる。すると、不思議と互いの意見の違いが相対化され、理解しあえたり、新たな考え、選択肢が浮上したりするようになるのである。そして、クロスロード作成者にとっては、その質問がプレイされることで、自らの悩み、逡巡が共有される。難しい選択だったということが理解されることが、その人の心の重荷をすっと楽にする。こうして、ときに「あの1点の選択」への後悔から、深く傷ついている人たちが、ともにもう一度悩んでくれる仲間たちとの関係性において、少しずつ回復していくのである。こうして、当事者が作成する防災教育教材は、当事者の主体形成、主体の回復に寄与する。

7. 当事者の力を「おこす」

　内発的な復興のきっかけとなる5つのツールを紹介してきた。これら、当事者の力を「おこす」ツールの特徴を、3つの点から整理して本稿のまとめとしたい。第一に、それぞれのツールにおいて、当事者が主語の位置にあることである。逆に言えば、そこに関わる支援者は受容的なかかわりをしていたり、当事者が主語の位置にくるような場を設定する裏方にまわっている。足湯においては、被災者が「何か困ったことはありませんか？」とたずねられる対象から、災害だけにかかわらず、当該の地域の暮らしについて、よく知らないよそ者に語りかける主体となる。記録集においてもこれまで記録される対象であったところから自ら記録する主体に、地域生活改善プロセス評価手法においても評価される対象であったところから評価する主体に、防災教育教材においても与えられた教材をプレーするのではなく、教材そのものの作成に関わる主体へ

(113)

と変動している。被災者同士の交流も、被災者が主語と目的語の双方の位置にあると考えれば、やはり被災者が主語の位置にある。

　第二に、これらのツールが活用される場では、第一の点で述べたような当事者が目的語から主語へと移る変化が、自然と起こるということである。つまり、これらのツールは「被災者の主体性が大切ですよ」というメッセージを言葉で伝えるのではなく、自然と被災者が主体となるような場を実現するように促している。特定の実践における知見や教訓を言語化して、他の実践現場に伝えることはなかなか難しい。現場の肌感覚に近い言葉だと、逆に他の現場ではわかりにくかったりするし、あまりに抽象的だととっつきにくい。しかし、これらのツールは、メッセージをツールそのものの中に忍ばせている。足湯をしてみれば、自然とつぶやきはこぼれてくるし、ご近所に視察に行けば元気になる。だから、これらのツールは、メディア（媒介）として場のあり方を伝えることで、被災者の主体形成を促すツールになっているのである。

　最後に、最も重要なことは、いずれのツールにおいても、結果だけでなくプロセスそのものに喜びがあることである。足湯からどんな見えないニーズが見えるか、視察で何を学べるか、記録集で何を伝えられるのか、当事者評価で何が明らかになるのか、防災教材でどのような防災を実現できるのか、といった結果ももちろん重要である。しかし、それ以上に、結果に至るプロセスそのものが楽しく、元気になれることが大切だ。被災者の主体形成が実現されるのは、このプロセスそのものにあるのであり、ここで内発的な復興に向かっていく主体が生まれるのである。災害復興の現場は、あるいは、そもそもアクションリサーチの現場は、ともすれば、何か問題を見つけてそれを解決していくというアプローチに陥りやすい。もちろん解決されるべき問題はある。しかし、このアプローチだけでは、かえって当事者の主体が脅かされることがあるのも事実である。これらのツールは、そのプロセスそのものに喜びを伴わせることで、結果的に被災者がさまざまな問題に主体的に取り組んでいけるようになることを支えるものなのである。

第5章　災害復興のアクションリサーチ

注　記

1）内発的な復興のダイナミックスを整理したものに宮本・渥美・矢守（2012）が、具体的な支援の問題として整理したものに宮本（2016）がある。

2）ここからの節題は、新潟県中越地震の被災地で地震後に設立された民間の中間支援組織である中越復興市民会議が展開していた5つの事業名「おこす」、「よりそう」、「つなぐ」、「つたえる」、「かんがえる」に、著者が「そなえる」を加えたものである。

3）足湯ボランティアについては、似田貝・村井（2015）で詳しく紹介されている。

4）例えば、新潟県中越地震の被災地では、仮設住宅がなくなるまで、毎月1回、大阪から大学生が被災地に足を運んで足湯ボランティアを続けた。仮設がなくなった後も交流は続いている。詳しくは、似田貝・村井（前掲書）。

5）この視察研修の詳細については、宮本・渥美（2009）でまとめている。

6）企画したのは中越復興市民会議。もちろん、開催前より、当事者どうしが交流することで何らかの大きな力につながるという直感はあった。

7）先にも紹介した木沢集落の記録集は、住民グループ「フレンドシップ木沢」のウェブサイト（http://echigo-kizawa.com/）からダウンロードすることが可能である。ちなみに、木沢集落では、地震から3年半後に災害記録集「前へ―震度7に克つ―」が、10年後に復興祈念誌「轍―未来へ繋ぐ木沢の軌跡―」がつくられている。

8）「地域生活改善プロセス評価手法」については、宮本・草郷（2012）で詳しくまとめられている。なお、地域生活改善プロセス評価手法の先例として、西部・草郷（2012）のコミュニティ・ドックがある。

9）第1回、第2回はともに2010年、第3回が2013年、第4回が2017年に行われた。

10）地域住民が調査の設計から携わる先例には、草郷孝好が関わってきた愛知県長久手市の「ながくて幸せのモノサシづくり」（https://www.city.nagakute.lg.jp/keiei/shiawasetyousatai.html）があった（本書第7章）。

11）当事者の「われわれ意識」が十分に発揮される場というのは、ただ当事者が集まっているということだけではなくて、例えば地域から遠く離れた大学の教室や役場の会議室で結果が報告されることと、それが地域内の集会場で報告されることの間でも違いがあるだろうし、報告会において当事者よりも外部の人間の方が多い場合とそうでない場合でも違いがあるだろうということである。もちろん、実践の状況によっては、あえて地区外で共有したりすることが重要な場合もあると思われるが、大切なのは、共有の仕方の如何によって調査がもたらす影響が変わってくることを自覚しながら、その共有方法を検討する必要があるということである。

12）クロスロードの詳細については、矢守・吉川・網代（2005）で詳しく紹介されている。

（115）

13)「クロスロード：大洗編」の詳細については李（2016）で詳しく紹介されている。

引用・参考文献

西部忠・草郷孝好、「第1章コミュニティ・ドック：コミュニティの当事主体による制度変更型政策手法」、西部忠編『地域通貨を活用したコミュニティ・ドックによる地域社会の活性化』、全労済協、2012年。

似田貝香門・村井雅清編著、『震災被災者と足湯ボランティア―「つぶやき」から自立へと向かうケアの試み―』、生活書院、2015年。

宮本匠、「減災学がめざすもの」、矢守克也・宮本匠編著『現場でつくる減災学』、新曜社、2016年。

宮本匠・渥美公秀、「災害復興における物語と外部支援者の役割について～新潟県中越地震の事例から～」、『実験社会心理学研究』49巻、2009年

宮本匠＊・草郷孝好＊（＊第一著者）、「住民主体の災害復興に資する地域生活改善プロセス評価手法の有効性－新潟県長岡市川口木沢地区の事例－」、『日本災害復興学会論文集』、6巻、2014年。

宮本匠・渥美公秀・矢守克也、「人間科学における研究者の役割―アクションリサーチにおける「巫女の視点」－」、『実験社会心理学研究』、52巻、2012年。

矢守克也・吉川肇子・網代剛、『防災ゲームで学ぶリスク・コミュニケーション：クロスロードへの招待』、ナカニシヤ出版、2005年。

李旉昕、「被災地の住民がつくる防災教材」、矢守克也・宮本匠編著『現場でつくる減災学』、新曜社、2016年。

第6章　リーダーシップのアクションリサーチ
～コミュニティ・オーガナイジングの実践を参考に～

室　田　信　一

1. なぜリーダーシップを研究するのか　—　問題意識と背景
2. リーダーシップの実践としてのコミュニティ・オーガナイジング
3. リーダーシップの実践とコーチング
4. ケーススタディー
5. まとめ　—　リーダーシップをリサーチするとはどういうことか

1.　なぜリーダーシップを研究するのか　—　問題意識と背景

　私はこれまで市民活動に取り組む個人に関心を抱いて研究をしてきた。その個人が市民活動に熱心であるということは研究対象の条件であるが、その活動が社会との関係で成立するために、「他者とともに活動している」点に特に注目してきた。「他者とともに活動する」とは、自分一人では達成できない目標に向かって、他者と目標を共有し、その他者が一歩踏み出して行動をとるということに対してコミットする、ということである。

　私がそのような市民活動像に関心をもつようになった理由は私の経験に基づく。私は日本の高校を卒業したのち、単身アメリカのニューヨーク市へ留学した。その留学先でとあるNPOの活動に関わるようになった。外国人が多く居住する地域だったので、外国人同士の多文化交流を促進し、外国人が地域社会の一員として役割を担うこと、それによって民主主義を具現化することを目的としていた。

(117)

そのNPOには雇用された職員は一人もいなく、すべての活動はボランティアによって推進されていた。ボランティアはチームに編成されていて、活動全体をコーディネートするリーダーが最大10人までのチームをまとめていた。活動に参加するボランティアは参加したチームの活動に加わると同時に、独自の活動を展開するために新たなボランティアを募って自分のチームをつくっていた。図1のようにボランティアのチームが幾多の層を形成し、活動が広がっていくという構造に基づいてボランティア活動が推進されていた[1]。

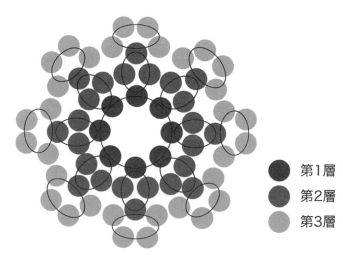

図1　3層のチーム構造

出典：筆者作成

　私がそのボランティア活動に参加した当時、図1でいうところの第1層のチームには8名ほどのボランティアが参加し、それとは別に第2層のチームが2チーム形成されていた。一つのチームはそのNPOが発刊していたコミュニティペーパーの編集作業を担当するチームで、もう一つのチームはコロンビア出身の人たちで構成されるチームだった。

　私はその第1層のチームに所属しながら、一方で、自分の活動を推進するた

第6章　リーダーシップのアクションリサーチ

めに新たにボランティアを募り、自分のチームを編成していくことになった。その後、他には英会話クラブを毎週開催し取りまとめるチームや、外国人の権利問題について啓蒙するチーム、母国の国際紛争について話し合うチームなど、参加するメンバーの問題意識によって多様な活動が推進された。ただし、各チームが独立して好きな活動をするということではなく、横でつながりお互い連携・協力しながら活動が推進されていた。

　私は外国人ボランティアが普段感じていることや考えていることを10分程度の映像作品にして、それを上映するイベントを自分の活動として提案した。ボランティアを募り、自分のプロジェクトのチームを組織した。自分が企画した活動に興味をもったボランティアが集まり、定期的に会議を重ねて企画を固め、イベントを成功させるその過程に強く惹かれた。私が心の中でおぼろげながら感じていた、「こんな社会になったらいいな」「なんでこんな社会なんだろう」という思いについてチームの他のメンバーと話し合い、つくっていきたい社会像を共有した。そしてその目標に向かって、具体的に行動をとるということで、同じビジョンを共有する仲間が集まり、そうして広がる渦が現実社会を少しずつ変えていくという感覚をもつことができ、そのボランティア活動を続けることが自分にとっての生きがいになった。

　というのもそのボランティア活動を始めるまでの私は、意を決してアメリカに留学したものの、何を勉強すればいいのか明確な目標はなく、生活費を稼ぐためにアルバイトをする日々で、心身ともに疲れてしまっていた。親に無理を言って留学させてもらっているので一旗上げなければという気負いもあった。しかしその気負いこそが私に「外国人メンタリティ」を植え付けてしまっていたと今では感じる。ここでいう「外国人メンタリティ」とは、自分は社会の中では不利な立場に置かれていて、そこから抜け出すには努力するしか方法がない、というものである。自分が不利な立場から抜け出すことを諦めて、子どもにその夢を託して自己犠牲の精神を抱いて生き続ける外国人は少なくない。

　そのNPOのボランティア活動に参加することで私の意識は全く違ったもの

(119)

になった。活動の中では、外国人であっても一人の大切な人間として扱われた。外国人の私が感じている思いを他の人が共感をもって聴いてくれた。そしてその思いを実現するために私が一歩踏み出すことを後押ししてくれた。さらにその思いを共有する新たな仲間を募り、今度は私が他のボランティアを後押しする存在となった。自分には何一つコントロールできないと思っていた社会を、自分が一歩踏み出すことで少し変えることができると感じた。さらにそうした活動の輪が広がることで、私一人では起こすことができない社会の大きな変化を集合的に生み出すことができると感じ、それが希望になった。

　しかし、変化を起こすことはそう簡単ではなかった。私自身が熱意をもって一歩踏み出すところまでは全く問題なかった。つまり図1の第1層に参加するところまでは比較的簡単に達成することができるが、次に自分が第2層のチームを立ち上げる段階になるとその難易度は高くなる。第1層のチームに参加していた時は受け身でよかったし、チーム全体の流れを意識しなくてもよかった。私は単なる1プレーヤーで良かったわけだが、第2層のチームを立ち上げる段階になると、メンバーの思いやこだわり、得手不得手、チーム全体のスケジュール管理や連絡調整、ビジョンの共有など様々なことに気を使わなければならない。ボランティア活動なので、その活動に関心をもてなくなったらメンバーはすぐに離れていってしまう。そのためメンバーの役割分担など、チームの運営方法について強く意識するようになった。自分の思いだけではチームは機能しないことがよくわかった。一度参加したボランティアが離れていくことは珍しくなかった。

　第2層のチームをつくるところまではなんとか達成できた。なぜなら第2層のチームのまとめ役は私であり、私がチームの状態を把握することができるし、何か問題があれば直接関与することができるからである。しかし第3層のチームをつくる段階となると自分の想像を超える難しさがあった。第3層のチームに私が直接関与することは基本的にはしない。自分のチームメンバーが新たに独自のチームを立ち上げて、メンバーを募り、活動を推進していくので

ある。第3層のチームがうまく機能するには、私が第2層のチームで経験した
ことを第2層のメンバーと共有して、チームの運営について考えてもらい、た
とえ失敗してもその失敗を生かして次なる一歩を踏み出す勇気をもってもらう
ようにはたらきかける必要があった。

　冒頭で述べたように、私は「他者とともに活動する」ことにこだわって市民
活動の研究をしている。その理由は自分の失敗体験からきている。第2層、第
3層とチームが広がり活動が広がっていくことは市民活動にとって理想的に思
えるが、それが実現することは想像以上に難しかった。自分自身が変わらなけ
れば達成できないということを強く感じた。そうして他者とともに活動すると
きに、自分自身が変わるということが、自分が市民として自律するということ
なのではないかと思っている。自律した市民を生み出す流れはどのようにつく
られるのか、本稿はその問いに対して、チームの第1層から第3層までの広が
りに注目して検討することを目的にしている。その際に、活動に関与する一人
ひとりに培われるリーダーシップのあり方について、私自身が日本でかかわっ
てきているNPO法人コミュニティ・オーガナイジング・ジャパンの実践を参
考に検討する。

2.　リーダーシップの実践としてのコミュニティ・オーガナイジング

　2014年、私は仲間とともにコミュニティ・オーガナイジング・ジャパン（以
下、COJ）という団体を設立した。1月に任意団体として発足し、7月に法人
格を取得した[2]。日本にコミュニティ・オーガナイジングの実践を広げること
を目的に設立されたこの団体は、当初はボランティアによって運営されていた
が、現在は正規職員3名を雇用している。しかし、COJの活動を支えている
のは様々な形でボランタリーに関わっているメンバーである。2017年夏の時
点で、COJの基幹事業であるコミュニティ・オーガナイジングの研修プログ
ラムの講師として講義を担当できるメンバーが13名、チームコーチとして演

習を担当したことがあるメンバーが80名を超えている。

設立当初、コミュニティ・オーガナイジングという考え方は日本の市民活動にとって馴染みのあるものではなかった。まずはコミュニティ・オーガナイジングという考え方を周知し、実践に活用してもらうということがCOJにとって最初の活動であった。その活動を推進するにあたり、COJはコミュニティ・オーガナイジングの考え方を参考に実践してきた。

2.1 コミュニティ・オーガナイジングとは何か

コミュニティ・オーガナイジングとは文字どおり、コミュニティをオーガナイズ（organize）することである。ここでいうところのコミュニティとは日本の自治会・町内会といった地縁コミュニティのように地理的な空間の中で成立する集団もあれば、性別や出身地、年齢など社会的に付与される属性によって形成される集団もあるが、コミュニティ・オーガナイジングはその両者を含むあらゆる集団を対象として捉える。ただし、人と人が物理的に会うことができ、顔が見える関係性に基づくコミュニティであることが重要な要素である。

オーガナイジングとは、人々が求める変化を達成するために、共同して行動に移すことである。組織化と訳されることもあるが、辞書の定義による組織化が意味する「つながりのない個々のものを、一定の機能をもつようにまとめること」（新村2008：1644）という意味には含まれない他の要素がオーガナイジングには付加されている。それはたとえば、個人が成長することや、集団の中にパワー[3]が蓄積されること、政治的な力動に関与することなどである。

コミュニティ・オーガナイジングの定義の幅は広く、一つに絞ることは難しい（Ohmer and Brooks 2013:233）。代表的な定義の中には、「共通の課題に対して人々が共に闘うこと」（Rubin and Rubin 2005:189）というように広く設定したものや、「ある集団が、お互いを支え合い、高め合い、価値観と関心を維持発展させながら、パワフルで、明確な目的を持ち、コーディネートされ、統率のとれた活動を蓄積しようとする過程」（Walls 2015:6）というようにより

（122）

詳しく示したものもある。

　そうした定義を参考にしつつ、本稿ではひとまず、コミュニティ・オーガナイジングを、顔が見える関係性に基づき、そのコミュニティに関わる人々がパワーを蓄積し、求める変化を達成するために、共同して行動を起こす過程、と定義する。

　人々が直面する困難や課題に対して自らをオーガナイズして、その状況に変化を起こすという言葉通りの意味で解釈すると、コミュニティ・オーガナイジングの歴史は古いものと言えるだろう。一方、今日、世界各地で確認することができるコミュニティ・オーガナイジングの取り組みは、19世紀末から20世紀を通してアメリカ大陸を中心に体系化されてきたと考えられている（Fisher 1994）。

　そのルーツはいくつかある。19世紀末のイギリスやアメリカの工業都市を中心に、貧困地域に教育を受けた支援者が定住し、住民とともに生活改善を推進したセツルメントの取り組みはその一つである。他に、1930年代から40年代にかけて、労働組合の中で培われた対抗的な手段を地域住民の課題へと応用したことでコミュニティ・オーガナイジングの方法を体系化したソウル・アリンスキー（Saul Alinsky）による取り組みは今でも各地で参考にされている。また、公民権運動に関与した活動家たちを養成したハイランダー・フォークスクール（Highlander Folk School）を設立したマイルズ・ホートン（Miles Holton）や、ブラジルにおいて貧しい農民に対する識字教育実践を展開したパウロ・フレイレ（Paulo Freire）の実践やその考え方は現代のコミュニティ・オーガナイジングに大きな影響を与えてきている（Fisher 1994）。

2.2　ガンツのオーガナイジング実践理論

　そうした中、近年注目を集めている実践理論がハーバード大学公共政策大学院特任講師のマーシャル・ガンツ（Marshall Ganz）によって体系化されたコミュニティ・オーガナイジングの考え方である。ガンツはハーバード大学の

学部生だった頃、公民権運動に参加するために学部を中退し、その後28年間に渡り各地のコミュニティ・オーガナイジングに従事してきた。50歳にして大学に復学し卒業した後、大学院に進学し、自身が関与したカリフォルニア州の農民によるオーガナイジングの実践について博士論文をまとめた（Ganz 2009:viii-ix）。

　ガンツを有名にしたのは2008年の大統領選挙に立候補したバラク・オバマ（Barak Obama）の選挙キャンペーンに協力し、コミュニティ・オーガナイジングによって草の根の選挙キャンペーンを成功させたことである（Rimer 2009）。オバマの選挙キャンペーンでは、それまで選挙キャンペーンに参加したことがなかった人たちがボランティアとして参加し、次なるボランティアに声をかけて、草の根の活動が図1のように広がっていったのである。ガンツは自身がハーバード大学公共政策大学院にて提供していたコミュニティ・オーガナイジングの授業内容を、2日半の短期集中型プログラムへと作り変え、オバマの選挙キャンペーンに応用したのである。

　他のコミュニティ・オーガナイジング理論と比較して、ガンツの考え方にはいくつか特徴的な点がある。その中でもガンツの理論の根幹となる考え方がリーダーシップの捉え方である。ガンツはコミュニティ・オーガナイジングを次のように定義する。

　　　コミュニティ・オーガナイジングとは「『私の課題は何か？』と尋ねるのではなく『誰が私の同志[4]か？』という質問から始まるリーダーシップの一つの形です。そして同志の視点からみて『問題は何か？』、『同志の資源を用いて、どのように彼ら自身の問題解決する力を作ることができるのか？』と尋ねていきます」（Ganz 2017：10）。

　このようにガンツはコミュニティ・オーガナイジングとはリーダーシップの一形態だと述べている。彼は、コミュニティ・オーガナイジングにとって重要

（124）

第6章　リーダーシップのアクションリサーチ

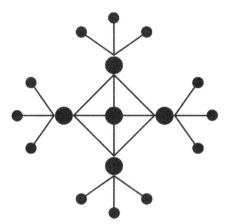

図2　スノーフレーク・リーダーシップ
出典：Ganz 2017:15

なことは、一人の優れたリーダーが中心にいて成立する組織ではなく、実践に関わるメンバー一人ひとりがリーダーシップを発揮する構造をもつ組織によって推進されることであると考えている。そのように外に向かって広がるリーダーシップの構造をガンツは、雪の結晶のようなその形状からスノーフレーク・リーダーシップと呼んでいる（図2）。

　ガンツはリーダーシップとは「責任を引き受けること。その責任とは他者が不確実な状況の中で目的を達成できるようにすること」（Ganz 2017:10）と定義している。彼は1世紀のエルサレムの賢人ヒレルの次の問いを参考にリーダーシップの概念を整理している。

　　もし、私が私のためにあるのでなければ、私は誰か？
　　私が私のためだけにあるのなら、私は何か？
　　そして、もし今でなければいつなのか？　　　　　　　──ラビ・ヒレル

　最初の一文は、リーダーシップを発揮するためには自分のことをよく知らな

(125)

ければならないということを意味している。なぜ自分はその活動に取り組もうとしているのか。その動機の原点となる自分の価値観や、それを実現するための自分の力量や資源、自分の志を理解していることが全ての前提になる、ということである。

次に、第二文は、他者と様々なことを共有する世界において、他者の存在を除外して物事を成し遂げることはできない（もしそうであるなら、自分はモノ同然だ）ということを意味している。自分の目的とは、自分たちの目的でなければならず、そのためには他者の能力やその能力をいかに引き出すかということを考慮しなければならないのである。

最後の一文は、自分の存在意義を理解し、他者と協力する関係を築いても、行動を起こさなければ意味はない、ということを言っている。社会に変化を起こすためには、今、目前に存在する世界と向き合う必要がある。

こうした整理を参考に、ガンツは、社会が変わるためにまずは人が行動をとることが大事であり、それは自分と他者が共有した目標に向かって他者が行動をとることによって達成されるものであり、そのためにはその他者の行動の責任を自分自身が引き受ける覚悟をもつことが重要であると考えた。それがガンツの言うところのリーダーシップなのである。そうしたリーダーシップの実践が図2のように他者から次の他者へと広がっていくことによって、社会に変化を起こすことがコミュニティ・オーガナイジングであるとガンツは説明している（Ganz 2017：14）。すなわち、仮に多くの人が行動を起こしたとしても、その人たちの中にリーダーシップが培われていなければ、それはコミュニティ・オーガナイジングの実践とはいえないということである。

2.3　変化するリーダーシップの解釈

ガンツによるそうしたリーダーシップの解釈は独自のものであるが、昨今のリーダーシップをめぐる議論では、ガンツ同様にリーダーシップを捉えることは珍しくない。代表的な論者はハーバード大学公共政策大学院におけるガンツ

（126）

の同僚のロナルド・ハイフェッツ（Ronald Heifetz）による整理である。

　ハイフェッツは「『コミュニティ[5]がリーダーのビジョンに従うように影響力を及ぼすこと』と『コミュニティが自分たちの問題に取り組むように影響力を及ぼすこと』という二つの考え方」（Heifetz=1996：20）を提示している。前者はリーダーが自らのビジョンに基づいてフォロワーを従える、古典的なリーダーシップの形態ということができる。ハイフェッツは、この前者のリーダーシップの理論は、「歴史は偉大な人物とその社会に与えた衝撃の物語であるという十九世紀的な見解から生まれた」（Heifetz=1996：22）とも述べている。それに対して後者のリーダーシップこそが求められるべきリーダーシップ像だというのが彼の主張である。後者のリーダーシップにおいて、「リーダーは人々を動かして問題に立ち向かわせ、そのリーダーからの挑戦と助力を得て、コミュニティは前進していく。失敗した場合の責任は、リーダーとコミュニティの両方に帰せられる」（Heifetz=1996：20）と彼は説明している。ハイフェッツによる整理による後者のリーダーシップ理論はガンツが考えるリーダーシップと親和性が高いものであるといえよう。

　ガンツやハイフェッツのようなリーダーシップの捉え方を「リーダーシップ3.0」と呼ぶ論者もいる（小杉2013）。リーダーシップを研究領域とする小杉俊哉は、20世紀初頭に出現した中央集権的なリーダーシップをリーダーシップ1.0と呼んだ。具体例として、軍隊式中央集権的な仕組みを産業界に持ち込んだ、フォード・モーターの創設者ヘンリー・フォード（Henry Ford）を挙げている。ハイフェッツが対極として示した古典的なリーダーシップがこれに当たる。次に、リーダーシップ2.0とは、1990年代に出現した変革者たちのことを指している。その代表格として、工業製品の大量生産・大量販売というパラダイムからいち早く脱し、新しいビジネスモデルを構築し、変革者となったGEのジャック・ウェルチ（Jack Welch）を挙げている。この時代のリーダーは組織のビジョンと価値観を明確に定め、毅然と大胆に行動するカリスマ性を伴っていたという。

これらのリーダーシップに対して小杉の考えるリーダーシップ3.0とは、「それまでの階層型組織を逆転して、逆ピラミッドの最も下にリーダーがいて支えるというもの」（小杉2013：73）と説明している。そうしたリーダーは、ミッションや使命感を持っているが、それまでのリーダーのように答えを持っているわけではないという。むしろ有能な人材が能力を発揮できる場や仕掛けを提供することがリーダーの役割になるという。

　リーダーシップ3.0の具体例として小杉はサーバント・リーダーシップを取り上げている。サーバント・リーダーシップとはアメリカの研究者ロバート・グリーンリーフ（Robert Greenleaf）が提唱した考え方で、召使いを意味するサーバントとリーダーシップを組み合わせた造語である。リーダーとはみんなを強く引っ張る存在ではなく、他者に奉仕するというサーバントに徹するべきだと彼は考える。リーダーとなる人はフォロワーに徹し、思いやりや奉仕の気持ちをもつが、その一方で、部下たちに媚びるのではなく、強い意志を持つことが重要である（Greenleaf = 2008）。

　昨今のビジネス書などの中に同様のリーダーシップの捉え方を見つけることは難しくない。一方、哲学者の鷲田清一もガンツやハイフェッツと類似するリーダーシップのあり方を示している。鷲田の場合、それを反リーダーシップと呼び、フォロワーシップの重要性を主張している。市民性（シティズンシップ）が衰弱した現代社会において重要なことは、受動的で無能化された市民が再び市民性を取り戻すことであると鷲田は考える。そこで鍵となる概念が「しんがり」の思想である。経済が右肩上がりで成長していた時代には強いリーダーが引っ張り、フォロワーはそれについていけばよかった。しかし、そうしたリーダーシップは右肩下がりの時代には通用しない。先行き不透明な中、市民がいかに能力を結集して「上手に」ダウンサイズするか、ということが問われている今の時代において求められるのは、仲間の安全を確認しながら最後に引き上げる「しんがり」の存在だという。これはサーバント・リーダーシップにもつながる発想である。鷲田はこの議論を、市民がゆるい紐帯で結ば

れながら、お互いに依存（inter-dependent）した状態で、立ち上がる「責任」を負うことが、私たちが求める新しい公共の形であるとまとめている（鷲田 2015）。

このように、ガンツによるリーダーシップの捉え方は珍しいものではなく、むしろ時代に合致するものであるということができる。多くの論者が他者を支えるリーダーシップのあり方について議論しているが、そのリーダーシップの広がりをつくりだす具体的な方法までは十分に言及していない。一方、ガンツは雪の結晶のように広がるリーダーシップを支える手段としてコーチングの考え方を自身の研修プログラムに導入し説明している。次節ではリーダーシップの実践におけるコーチングの位置付けについて検討する。

3. リーダーシップの実践とコーチング

3.1 コーチングとは何か

リーダーシップ同様にコーチングも昨今のビジネス書に頻出するキーワードである。野球などスポーツのコーチなどに対して用いられる言葉であるが、近年は職場の上司と部下や同僚の間など、ビジネスの現場で相手の能力を引き出すための方法として注目されている。

国際コーチ連盟では、コーチは以下のことについて責任をもつと説明している（本間・松瀬 2015：36）。

①クライアントとともに、実現したい目標に道筋をつけ、探求し、明らかにする。
②クライアントの自己発見を促す。
③クライアントの中から生まれてくる解決方法や戦略を引き出す。
④責任を持ってクライアントを守る。

コーチングの要点は、コーチが答えを与えるのではなく、コーチングを受ける人が潜在的にもっている答えを自ら引き出すことをコーチが手伝うという点にある。本人のもつ潜在的な力を引き出すという点において、コミュニティ・オーガナイジングに理論的な影響を与えたフレイレの「意識化」という考えに通じるところがある[6]。また、ガンツのリーダーシップの定義における「他者が不確実な状況の中で目的を達成できるようにすること」(Ganz 2017：10)とも親和性の高い考え方である。

コーチングには様々な方法がある。もっとも一般的なコーチングの形態は個別コーチングと呼ばれるもので、これはコーチが1対1の空間で個別にコーチングを提供する方法である。次に、グループコーチングは、コーチングの対象は個人であるが、グループという状況内でおこなわれる。コーチングを受けていない他のメンバーはコーチングのための資源となり、時に質問を投げかけ、情報を提供し、フィードバックを提供する。最後にチームコーチングは、チームメンバー個人だけでなくチーム全体がコーチングの対象となる。コーチはチームのパフォーマンスの向上を目的に関わる(Hawkins = 2012；本間・松瀬 2015)。

なお、専門のコーチによるコーチングとは別に、ピア同士でコーチングしあうことをピアコーチングと呼ぶ。個別、グループ、チームそれぞれのコーチングはピアによって提供することが可能である。

コーチングは普段の対話の場や会議の中でおこなうことが可能である。本間ら(2015)はコーチングの基本的な流れを傾聴・質問・承認と説明している。リーダーとして他者の行動を支える方法として、傾聴・質問・承認が基本的な流れになるが、何か具体的な目標に向かって行動する際に有効な体系化されたコーチングの流れとして GROW モデルという考え方がある。GROW とは① Goals（目標の明確化）、② Reality（現状の把握）、③ Resource（資源の発見）、④ Options（選択肢の創造）、⑤ Will（意思の確認、計画の策定）という5つの流れの頭文字から名付けられている（本間・松瀬 2015：123-150）。

第6章　リーダーシップのアクションリサーチ

GROW のような流れを生みだすためには、普段の対話の場とは別に、コーチングをするための時間を設定することも必要だろう。

　コーチングとは、他者が取り組む目標に向かって、自分の力で答えを導き出すことを側面から支えることである。具体的には話を聴くことや、質問すること、承認することを通して、もしくはコーチングをするための場や機会を設定して、個人やチームが立てた目標に基づいて計画的に行動するという流れを作り出すように支えることである。

3.2　ガンツの研修プログラムにおけるコーチング

　ガンツは自身の考案したコミュニティ・オーガナイジングの研修プログラムの中にコーチングを取り入れている。以下はガンツが考案し、オバマの選挙キャンペーンで用いられたプログラムの内容である。講義とグループ演習によって進められるこのプログラムを、オバマのキャンペーン期間は 2 日半で実施していたが、現在 COJ では同様の内容を 2 日間の研修プログラムとして提供している。

1) オーガナイジングとは何か（講義）
2) コーチング（講義・演習）
3) ストーリー・オブ・セルフ（講義・演習）
4) 関係構築（講義・演習）
5) チーム構築（講義・演習）
6) ストーリー・オブ・アス（講義・演習）
7) 戦略 I & II（講義・演習）
8) アクション（講義・演習）
9) ストーリー・オブ・ナウ＆リンキング（講義・演習）

　冒頭の導入の講義「オーガナイジングとは何か」の次に「コーチング」の講

(131)

義と演習が組まれている。というのも、参加者には2日間のプログラムを通してお互いをコーチングすることが求められるからであり、それがコミュニティ・オーガナイザーとしての基本的な姿勢として求められるからでもある。

ガンツはコミュニティ・オーガナイジングにコーチングを適用する際は、オーガナイザーが直面する3つの困難（challenge）に対して介入すると整理している。第一に動機面の困難に対するコーチングである。オーガナイザーが活動に取り組む際に動機が不明瞭だったり、そのことによって活動への意欲が低下していたり、行動をとることに恐れを感じている場合、動機面のコーチングが必要になる。第二に戦略面の困難に対するコーチングである。活動の目標を設定しても、その目標がそもそもその組織や集団にとって適切な規模のものか、誰がどのようにその目標を達成するのか、目標達成に必要な資源はどこから得るのか、といった戦略が不明瞭な場合、戦略面のコーチングが必要になる。第三に知識・スキル面の困難に対するコーチングである。動機と戦略が明確であっても、いざそれを行動に移す段階になるとそのスキルが足りないということがある。会議の進行方法や、対外交渉の方法、メディアへの働きかけ方などに意識的になり、その方法を身につけるために知識・スキル面のコーチングが必要になる。

ガンツはコーチングをおこなうプロセスを図3の5段階（観察、診断、介入、共有と振り返り、モニタリング）で示している。この5段階の流れは、上記で示した傾聴・質問・承認の過程と類似するものである（観察と診断が傾聴、介入が質問、共有と振り返りが承認にあたる）。グループ演習では2人1組になり、コーチ役とコーチングを受ける役に分かれ、5つの段階に沿ってコーチングのロールプレイをおこなう。コーチングを受ける役は、自分がリーダーシップに関して直面している問題について話して8分間の間でコーチングを受ける。8分間のロールプレイ終了後は、4分間でコーチングの振り返りをおこなった後、役割を交代して同じことをもう一度繰り返すという演習の設計になっている。

(132)

第6章　リーダーシップのアクションリサーチ

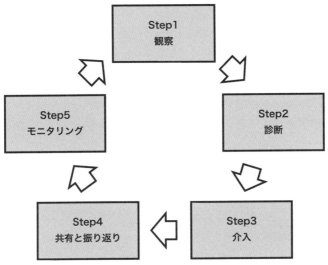

図3　5段階のコーチングプロセス
出典：Ganz 2017：19

　このように研修プログラムの「コーチング」の演習では、ピアによる個別コーチングを通してコーチングの基礎を学ぶ。参加者は、ここで身につけたコーチングの考え方を2日間のプログラムを通して実践することになる。

　「コーチング」以降の研修プログラム全てに演習が含まれており、その演習は通常6人のチームでおこなわれる。参加者はピアとしてチームのメンバーをコーチングすることが求められる。2日間のプログラムを通して、参加者はお互いの問題意識や価値観、目標などを共有して、チームとして取り組むべき架空の課題を設定する。最終的にはキャンペーンを立ち上げてコミュニティ・オーガナイジングを実践する仲間をリクルートする過程を擬似的に体験することになる。

　そうしたチーム演習を伴走する存在として、各グループにはチームコーチが1人（もしくは2人）張り付く。チームコーチの役割は学びのための安全な環境を提供し、チーム演習を円滑に進めることで、一人ひとりの学びを最大限引

き出すことである。チームコーチにとってこの研修プログラムは、不確実な状況の中で他者が目的を達成できるようにする、というチームコーチ自身のリーダーシップを実践する場にもなっているのである。しかしそのためには研修プログラムの内容を熟知していなければならないし、コーチングのスキル（特にグループコーチングとチームコーチングのスキル）を磨いている必要がある。仮に30人が参加する研修プログラムを実施する場合、5人の熟練したコーチがいなければこの研修プログラムは成立しないのである。加えて、この研修プログラムに参加すると終日2日間拘束されるため、チームコーチにはそれなりのコミットメントが求められる。

3.3　COJ による実践とコーチング

　COJ が設立当初から研修プログラムを基幹事業として位置付けてきたことはすでに述べた。COJ 設立のきっかけとなった 2013 年 12 月の第 1 回研修以来、COJ が提供してきた研修プログラムに参加したのべ人数は 1500 人を超える。規模の大小はあるものの、年間 20 回ほどの研修を開催し、300 人から 600 人に対して研修プログラムを提供してきている。

　この数字は多くないと思われるかもしれないが、研修の受講人数が通常 30 名から 40 名程度であることを踏まえると、少なくないだろう。研修の参加人数を限定する理由は、COJ が提供するコミュニティ・オーガナイジングの研修プログラムは、一方的に知識を提供するようなものではなく、対話に重きをおくからである。そのためにも、一回の研修プログラムの参加者の上限を 40 名程度に設定している。

　仮に、30 名の参加者に対して 2 日間の研修プログラムを提供する場合、COJ は以下の人員配置で準備をしている。

　・講義を担当する講師（2 ～ 3 名）

　・チームコーチ（5 名～ 10 名）

　・会場係（2 名～ 4 名）

・全体コーディネーター（1名）

　チームコーチと講師は研修プログラムに先駆けて（通常2週間ほど前に）集まり、終日かけてトレーニングをおこなう決まりとなっている。平均的な研修プログラムと比較して、この研修プログラムが準備に費やす人員と時間は特に多いといえるだろう。

　この研修のチームコーチになるためには、まずは2日間のプログラムを体験する必要がある。チームコーチになる道は誰にでも開かれているが、研修の質を保つために、最終的には研修を担当する講師がチームコーチとしての適性を判断することになっている。研修プログラムにおけるチームコーチと参加者は図1でいうところの第1層と第2層の関係に近いものである。チームコーチと参加者は2日間の研修プログラムを経て、スノーフレーク・リーダーシップの広がりを擬似的に体験することになる。最初は受動的に研修プログラムに参加していた人も、プログラムを通して自分のリーダーシップに意識的になり、次に、チームコーチとして研修プログラムに関わることによって、次なる参加者がリーダーシップを発揮できるように支える、というリーダーシップの広がりの一部として役割を担うようになる。

　このようにコーチングの仕組みを研修プログラムの中に取り入れることにより、リーダーシップの連鎖が生み出されているのである。その結果、多くの参加者がチームコーチとしてCOJの研修プログラムを支え、さらなる参加希望者のために研修プログラムを提供するというサイクルが築かれている。

4. ケーススタディー

　冒頭の問題意識で述べたとおり、私は第1層から第3層のチームへとリーダーシップの広がりをつくりだすことの難しさを経験し、挫折を味わった。そのため、リーダーシップの広がりをつくりだすためにコーチングを導入し、研修プログラムの中にスノーフレーク・リーダーシップの仕組みを擬似的に取り

入れたガンツの発想に感動した。研修プログラムの参加者の中にはこのプログラムを通して自身のリーダーシップに自覚的になる者が多く見られた[7]。また、チームコーチ経験者は自身のリーダーシップや他者をコーチングすること、リーダーシップの広がりを作り出すことなどについて頻繁に意見交換をするようになった[8]。その結果、COJ の活動を中心に、リーダーシップについて学び合うコミュニティが形成されたということができるだろう。

COJ はそうしたリーダーシップにかんする学びのコミュニティであると同時に、実践するコミュニティでもある。研修プログラムと双璧をなす COJ の事業として実践伴走事業がある。実践伴走事業とは、研修プログラムを通してコミュニティ・オーガナイジングを学び、その実践を希望する人に対してCOJ のコーチが定期的にコーチングを提供する事業である。個人が実践伴走を希望する場合、個別コーチングを提供するが、あるコミュニティに関わる際には個別コーチングとは別に、グループコーチングやチームコーチングを提供している。

以下では、COJ が 2016 年 9 月から関わることになった福岡県久留米市における実践伴走を事例に 2 層から 3 層へのリーダーシップの広がりについて考察する。

4.1 久留米市における実践伴走の概要

福岡県の南部に位置する人口約 30 万人の都市である久留米市は築野平野の中央に位置し、かつてはその立地から九州における流通と商業の主要拠点として栄えていた。近年では福岡市の開発が進んだことで、久留米市の中心市街地では空洞化が進み、福岡市のベッドタウンとして位置付けられることが少なくない。

COJ は、久留米市の市民活動の振興に関わっている NPO の依頼を受け、久留米市におけるリーダーシップの醸成を目的に、2016 年 9 月から期間限定で久留米市にかかわることになった。COJ がかかわる以前から久留米市内の市

第6章　リーダーシップのアクションリサーチ

民活動は盛んであったため、COJ の役割は、市内で活動する多様なアクターを結びつけ、組織内・外におけるリーダーシップの開発を推進することになった。

　COJ が最初におこなったことは、コミュニティ・オーガナイジングの研修プログラムを提供することであった。2016 年 9 月 1 日（木）・2 日（金）の 2 日間で研修プログラムを久留米大学御井キャンパスで開催し、市内で市民活動に従事する者や起業家、行政職員、大学生、大学教授など 24 名の参加を得た。COJ のスタッフが講師を担当し、チームコーチは COJ のスタッフに加え、過去の研修プログラムのチームコーチ経験者が宮崎や福島などから召集された。チームコーチのうち 1 人は、過去に京都で開催された研修プログラムに参加したことがある久留米市に居住する者で、久留米市の研修プログラムでは全体コーディネーターの役割も務めた。

　最初の研修プログラムを機に 2 名の COJ スタッフが継続的に久留米にかかわることになり、全体コーディネーターを務めた現地のチームコーチとともにまずは研修参加者のフォローアップをすることになった。フォローアップをする中で、参加者から研修プログラムの内容についてもう少し詳しく学びたいという声や、他にも研修プログラムを受講して欲しい人がいるといった声があり、2016 年 10 月から毎月定例でコミュニティ・オーガナイジング勉強会を開催することになり、2017 年 3 月には久留米で第 2 回目の研修プログラムを開催することになった。

　第 2 回の研修プログラムは 2017 年 3 月 11 日（土）・12 日（日）に久留米大学御井キャンパスにて開催された。第 1 回目よりも多い 36 名が参加し、そのほとんどが第 1 回目の参加者の紹介によるものだった。チームコーチは総勢 12 名（各チーム 2 名ずつ）でそのうちの 9 名が第 1 回目の参加者であった。

　このように研修プログラムを柱として、久留米市内の市民活動にかかわるアクターが横でつながり、リーダーシップの学びを深め、さらに次なる同志へとリーダーシップの輪が広がるように実践伴走が進められた。2017 年 9 月には

（137）

第3回の研修プログラムが開催され、第1回と第2回の参加者の中から新たにチームコーチを担当する者や講義の一部を担当する者が出てきた。研修プログラムを軸とした活動が進む中で、その活動に取り組むメンバーが独自に取り組んでいる実践の個別コーチングをする関係性も生まれるようになっている。

4.2　第2層から第3層への広がり

久留米市内で推進されるコミュニティ・オーガナイジングの実践は明確なチーム構造に分けられて推進されているわけではないが、図1で示した3層構造に当てはめると、図4のように描くことができるだろう。

図4の第1層とはCOJのことである。AはCOJで久留米の実践伴走事業を担当するスタッフである。東京在住であるが、2016年9月以降2ヶ月に1回のペースで久留米を訪問し、メールやビデオ会議などを駆使して現地メンバーとコミュニケーションをとっている。

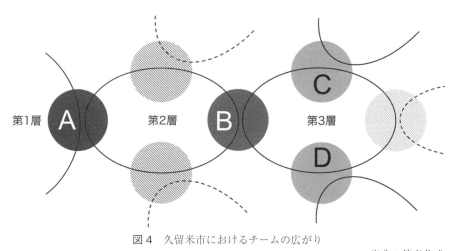

図4　久留米市におけるチームの広がり

出典：筆者作成

第2層は第1回目の研修プログラムに参加した人を中心に、リーダーシップ

の実践として、他のメンバーが一歩踏み出すことを支える役割を担っている人たちで構成されている。Bは1回目の研修プログラムでコーディネーターを担当し、COJのスタッフとともにフォローアップを担当した現地のメンバーである。Bは「くるめ日曜市の会」という活動に2014年からかかわってきているが、それとは別にCOJの研修プログラムを通じて知り合ったCやDの実践伴走をおこなっている。B以外の第2層のメンバーもそれぞれ取り組んでいる活動があり、コーチングするメンバーがいるが、本稿ではBの実践伴走に絞って検討する。なお、Aは第2層のメンバーと頻繁に連絡を取り、各自の取り組みをコーチングしている。

第3層のCとDはともに第1回目の研修プログラムに参加して、第2回目の研修プログラムではともにチームコーチを担当している。Cは女性が活躍できる場づくりを進める団体の設立に関わり、副代表を務めている。その関係で、2016年3月に久留米市内で1000人女子会というイベントを開催し、2017年度も開催する予定である。Dは高齢者福祉の仕事に就いていたが、自分の子どもが障がいを抱えているということもあり、現在は仕事を辞め、障がいについて考え支え合う活動に取り組んでいる。COJの研修プログラムに参加するまで3人はお互いのことをあまりよく知らなかったが、現在はそれぞれ定期的にミーティングをおこない、BはCとDに対して個別コーチングをしている。

以下では、第2層から第3層へのリーダーシップ広がりについて、2017年7月にB、C、Dへおこなったインタビューに基づいて考察する。

4.3 リーダーシップの実践

Bは以前京都に住んでいた時に環境系の活動を通して市民活動やコーチングについて学ぶ機会があったため、スノーフレーク・リーダーシップを知った時に、それまでの自分のリーダーシップの捉え方が大きく揺らぐことはなかったという。むしろ、自分が関わっている日曜市の活動の代表がもつリーダーシップがなぜ広がりを生み出しているのか理解することができたと述べた。そのた

(139)

め、BにとってCとDの実践を伴走するために自身がリーダーシップを発揮することに躊躇を感じることはなかったという。ただし、実践伴走を丁寧にすればするほど自身が担う役割が大きくなると感じており、AやCOJのスタッフによるコーチングを必要と感じていた。

Cにとってスノーフレーク・リーダーシップを学んだことは大きな転機になったという。これまでに久留米市内で市民活動などにかかわってきたCにはリーダーシップを発揮することが求められる場面があったが、いつも少数のメンバーで解決しようとしていた。追い込まれれば追い込まれるほど、他者に仕事を任せることはしないで、自分たちで解決しようとしてしまうことがあったが、研修プログラムを通してそれを変えなければいけないことを学んだとCは述べた。そうした考え方は1000人女子会の企画の進め方に影響を与えた。20人からなる実行委員会を組織して、役割を分担して準備を進めることに役立ったという。Cは気になることや困ったことがあるとBに相談する関係ができていて、頼りにしている様子が伺えた。

Dは久留米市で障害者差別解消条例を成立させるためにキャンペーンに取り組んでいて、その実践伴走をAとBが担っている。最終的には市議会と市長の合意を得なければ達成することができない大規模なキャンペーンであるため、久留米市内で障がい者にかかわる活動をしている団体を訪問して、キャンペーンをともに推進する同志を募っている段階だという。しかし、必ずしも好意的な反応が返ってくるとは限らず、キャンペーンの推進に不安や悩みを感じていた。それでも行動をとり続ける背景には、Dの強い動機に加えて、AとBによるコーチングという支えがあった。D自身は他者をコーチングすることが必ずしも得意ではなく、相手から答えを引き出す前に助言をしてしまう傾向がある、と自己分析していた。研修プログラムでチームコーチを担うことは、そうしたD自身のリーダーシップのあり方を見つめ直す機会となり、他のチームコーチからピアコーチングを受ける機会にもなると述べていた。

CとDはCOJの研修プログラムに参加する以前から市民活動に取り組んで

いたが、現在のようにリーダーシップのあり方を意識することはなかった。む
しろ以前は、受動的なフォロワーという側面や、孤立したリーダーとしての側
面も見られた。研修プログラムを通して自身のリーダーシップについて意識的
になり、チームコーチを担当することでコーチングの方法を身につけていた。
また、コーチングを受ける機会ができたことと、スノーフレーク・リーダー
シップの構造を理解したことで、自身のリーダーシップのためにすすんでコー
チングを受ける様子もみられた。

　B、C、Dによる2層から3層へのリーダーシップの広がりは、久留米市に
おけるコミュニティ・オーガナイジングの実践の一部に過ぎない。研修プログ
ラム参加者すべてに同様のリーダーシップの広がりが見られるわけではない
が、第1回目の研修プログラムが開催されてから1年も経たないうちにたとえ
一部でもこうした実践の蓄積が見られたことは参考に値する。

5. まとめ ―― リーダーシップをリサーチするとはどういうことか

　本稿は、そのタイトルにもかかわらず、これまでアクションリサーチについ
て全く触れてこなかった。結論を述べると、COJが研修プログラムと実践伴
走によってつくりだす学びのコミュニティと、幾層に広がるリーダーシップの
実践こそがアクションリサーチの一つのあり方なのではないか、と私は考え
る。

　参加型アクションリサーチ（もしくはCBPR[9]）では、「コミュニティと研
究者が循環的な反復のプロセスを通して、コミュニティの改善や社会変革を達
成していく」（武田 2015：47）と考えられている。それは通常、「見る（look）」
「考える（think）」「行動する（action）」という螺旋状のプロセスによって反
復される（Stringer ＝ 2012：9）。また、参加型アクションリサーチを推進す
るには、長期的にリサーチを推進するコミュニティのパートナーが重要な意味
をもつ。

(141)

そもそもリーダーシップという可視化することが困難な対象を扱う場合、それを「見る」こと、すなわち状況を把握し、情報を収集することは容易ではない。COJの実践では、研修プログラムを通してチームコーチが参加者について把握するところから始まる。その後、個別に連絡を取りフォローアップする中で、参加者一人ひとりのリーダーシップの状況が見えてくる。その人がどのようなコミュニティでどのような実践をしているのか、その際に自分自身や他のメンバーのリーダーシップをどのように捉えているのか、といった情報である。そうした情報は第3層、第2層、第1層というそれぞれのチームの中で共有される。

　次に「考える」段階である。COJの実践では、参加者が研修プログラム後に個別コーチングを受けること、および研修プログラムにおいてチームコーチの役割を担うことをとおして、参加者が自身のリーダーシップについて分析し、それを解釈することの手助けとなる。リーダーシップについて学ぶコミュニティが形成され、リーダーシップにかんする共通理解に基づいてコーチングがおこなわれる環境があることで、それまでは考えることがなかったリーダーシップについて改めて「考える」ことになる。

　最後に「行動する」段階である。久留米市の例でいうと、第1回目の研修プログラム後に「見る」「考える」プロセスをとおして、定期的な勉強会を開催することや、半年後に第2回目の研修プログラムを実施することが計画され、実施されていた。また、久留米市のDが条例を成立するためのキャンペーンを計画していたように、それぞれが個別のアクションを計画・実行し、コーチングを受けながらそのプロセスを振り返りながら改善していくという循環が生まれている。

　COJの実践は、コミュニティのメンバーが自分たちの力でリーダーシップについて意識的になり、それについて考え、行動することで、さらなるリーダーシップの輪を広げていく循環を作り出していたということができるだろう。「CBPRの全体のプロセスはコミュニティの組織化を促進していくコミュ

ニティ・オーガナイジングに近いものである」（武田 2015：51）と武田が述べているように、COJ の実践はあくまでもコミュニティ・オーガナイジングの実践であり、アクションリサーチとして位置付けることはできないという見解もあるだろう。

　COJ の実践をアクションリサーチとして捉えた場合、欠けている点は、データを可視化して公開し、それをさらに次なるアクションに活用可能な形で提供する点だろう。COJ の実践では、研修プログラムの参加者や実践伴走の対象者のリーダーシップの状況について、（チーム）コーチの中に知識や情報として集積され、チームの中で共有されるが、それを可視化して、再び資源として活用できる状態にして示すという試みは十分なされていない。リーダーシップという個人の内面や能力に関わる部分が含まれるため、扱いにくいデータであるが、今後、そうした可能性を探ることで、リーダーシップのアクションリサーチのあり方が深められるのではないかと考える。

注　記

1）図1では2層目のチームメンバーが4名で、そのうちの1名のみが3層目のチームを形成するものとして示されているが、この図はチームの広がりを抽象化したモデルである。実際には、2層目のチームに4名以上のメンバーが加わることや、3層目のチームが複数形成されることを前提としている。
2）COJ 設立の経緯については室田（2014）に詳しい。
3）ここでいうパワーとは地域の中で課題を解決するために変化を起こす力のことである。その中には個々人の能力や、活用できる資源、個人の集合体としての組織がもつ影響力、関係性から生まれる政治的な権力などが含まれる。
4）原文では "constituency" のことで、ここでは問題や困難な状況に対して共に立ち上がる人々のことを指して、日本文では同志と訳されている。
5）訳書では「コミュニティー」と表示されているが、本稿の表現（コミュニティ）に統一した。
6）フレイレは抑圧＝被抑圧の構造の中に押し込められた被抑圧者が、自分がどのような世界に生きていて、その世界を変革可能なものとして捉え、変革の主体となる過程を意識化と呼んだ（Freire=2011）。

7）COJ のホームページ（http://communityorganizing.jp/）に掲載されている「受講者たちの声」の中にそうした意見を確認することができる。たとえば #31、# 58、# 65 など。

8）たとえば 2017 年現在、COJ ではコーチングラボ Tokyo という活動をとおして、チームコーチ経験者を中心にコミュニティ・オーガナイジングについての学びを深め合う場を定期的に設けている。

9）Community Based Participatory Research の略。詳しくは武田（2015）を参照のこと。

引用・参考文献

Fisher, R.、Let the People Decide: Neighborhood Organizing in America、Twayne Publishers、2004 年。

Freire, P.、Pedagogia do Oprimido、1968 年、三砂ちづる訳、『被抑圧者の教育学』、亜紀書房、2011 年。

Ganz, M.、Why David Sometimes Wins: Leadership, Organization and Strategy in the California Farm Worker Movement、Oxford、2009 年。

Ganz, M.、Leadership, Organizing, and Action、（http://cojapan.sakura.ne.jp/wpdata/wp-content/uploads/2017/06/54a761ff69f9328afb58acc145b8264c.pdf）、2017 年 7 月 6 日閲覧。

Greenleaf, R.K.、Servant Leadership: A Journey into the Nature of Legitimate Power & Greatness、1977 年、金井真弓訳、『サーバントリーダーシップ』、英治出版、2008 年。

Hawkins, P.、Leadership Team Coaching、2011 年、田近秀敏監訳、『チームコーチング』、英治出版、2012 年。

Heifetz, R.A.、Leadership Without Easy Answers、1994 年、幸田シャーミン訳、『リーダーシップとは何か！』、産能大学出版部刊、1996 年。

本間正人・松瀬理保、『コーチング入門〈第 2 版〉』、日経文庫、2015 年。

小杉俊哉、『リーダーシップ 3.0 ——カリスマから支援者へ』、祥伝社新書、2013 年。

室田信一、「コミュニティ・オーガナイジング・ジャパンの発足とその実践」、『同志社社会福祉学』、第 28 号、2014 年。

Ohmer, M.L. and Brooks, F.、"The Practice of Community Organizing: Comparing and Contrasting Conflict and Consensus Approaches"、In Marie Weil Ed.、The Handbook of Community Practice 2nd Edition、Sage、2013 年。

Rimer, S.、"Community Organizing Never Looked So Good"、New York Times、2009 年 4 月 10 日。

第 6 章　リーダーシップのアクションリサーチ

Rubin, H.J. and Rubin, I.S.、"The Practice of Community Organizing"、In Marie Weil Ed.、The Handbook of Community Practice、Sage、2005 年。

新村出編、『広辞苑　第 6 版』岩波書店、2008 年。

Stringer, E.T.、Action Research 3rd Edition、2007 年、目黒輝美・磯部卓三監訳、『アクション・リサーチ』、フィリア、2012 年。

武田丈、『参加型アクションリサーチ（CBPR）の理論と実践——社会変革のための研究方法論』、世界思想社、2015 年。

Walls, D.、Community Organizing、Polity、2015 年。

鷲田清一、『しんがりの思想——反リーダーシップ論』、角川新書、2015 年。

(145)

第7章　協働型アクションリサーチの実践事例
～ながくて幸せのモノサシづくり～

草　郷　孝　好

1.　はじめに
2.　愛知県長久手市のながくて幸せのモノサシづくり
3.　協働型アクションリサーチにおける研究者の役割
4.　協働型アクションリサーチの成果～ながくて幸せ実感調査隊メンバーの気づき～
5.　おわりに

1.　はじめに

　日常生活や地域社会と密接に関係する課題解決には、地域生活の当事者である住民自身が主体的に問題に気づき、向き合い、その解決に向けた糸口を見出し、何らかの取り組み（アクション）を始める力（＝市民自治力）の醸成に取り組む必要がある。愛知県長久手市は、行政と市民が協働して、地域社会の発展のためにさまざまな活動を展開中であり、そのひとつが「ながくて幸せのモノサシづくり」の実践である。

　長久手市は、2017年の「住みよさランキング[1]」（東洋経済新報社『都市データパック2017年版』）で全国第三位にランク付けされるなど、全国でも指折りの住みよい都市の一つとして定評を得つつある。このランキングは、安心度、利便度、快適度、富裕度、住居水準充実度の5つの観点から、公的統計データを用いて、各都市の持つ住みやすさを測っている。住みよさの評判を得ることはよいが、気になるのは、長久手市で実際に生活する住民によるまちの

(147)

住みよさの評価とはどういうものなのか、幸せ度の高い長久手につながる住みよさを実現しつつあるのかどうかという点にある。

本章では、地域コミュニティにおける市民協働型アクションリサーチの事例として、ながくて幸せのモノサシづくりを取り上げ、現代において社会の質を高めることの意義、必要性、実践科学としての協働型アクションリサーチにおける研究者の役割と可能性について展望する。

2. 愛知県長久手市のながくて幸せのモノサシづくり

住民の生活の質を高めるためには、生活の場である市町村単位の取り組みに着目する必要がある。まずはじめに、愛知県長久手市が取り組んでいる住民主導の幸せのモノサシづくりについて、活動導入の背景、活動の目的、活動の内容と経緯、そして、アクションリサーチの役割についてまとめてみる。

2.1 長久手市の掲げるビジョン

長久手市は、2012年に町から市に移行した新しい市である。長久手町長から初代市長に就任した吉田一平氏のもと、長久手市は新しい行政の方向性を打ち出した。それは、市民が長久手市の行政をリードしていくという住民主導の方針であり、住民の持てる知識、経験、技能を長久手市の発展のために積極的に活用していくことを目指している。従来の予算策定から執行までを行政が担うという考え方から、予算案のアイデア出しから予算執行に至るまで市民参画型で進めることを目指す行政改革である。

長久手市の新しい行政方針は、「日本一の福祉のまち＝幸福度の高いまち」であり、長久手市は、以下の3つの基本理念（図1参照）を具体化している。

・つながり　「一人ひとりに居場所と役割があるまち」

・あんしん　「助けがなかったら生きていけない人は全力で守る」

・みどり　「ふるさと（生命ある空間）の風景を子どもたちに」

第7章　協働型アクションリサーチの実践事例

```
┌─────────────────────────────────────────┐
│　・だれにでも役割や居場所があるまち　　　│
│　・お互いに助け合うことができるまち　　　│
│　・だれもが生きがいを持って充実した日々を過ごすことができるまち　│
└─────────────────────────────────────────┘
```

３つのフラッグ（基本理念）

```
┌─────────────────────────────────────────┐
│　つながり「一人ひとりに居場所と役割があるまち」　　　　　│
│　あんしん「助けがなかったら生きていけない人は全力で守る」　│
│　みどり「ふるさと（生命ある空間）の風景を子どもたちに」　│
└─────────────────────────────────────────┘
```

新しいまちのかたちづくり

```
┌─────────────────────────────────────────┐
│　顔の見える範囲の関係づくり＝小学校区単位の小さな行政　│
└─────────────────────────────────────────┘
```

図1　長久手市の日本一の福祉のまちの方針

　長久手市は、この３つの基本理念に沿って、小学校区単位の顔の見える範囲の関係づくりを進め、まちの新しい運営のしくみづくりを目指している。そこで、長久手市は、市民有志により、現在の長久手市の地域生活の状態を確認し、将来の長久手市のまちのビジョンを考えていくという取り組みを開始した。その取り組みは「ながくて幸せのモノサシづくり」と名づけられ、2012年度に準備作業が行なわれ、2013年度から本格始動された。

　この新しい取り組みは、図2に示すように、まず、将来の市民の生活と長久手市の地域について、具体的にあるべき姿をイメージし、そのイメージの実現に向けて市民主体でまちづくりを進めていくという方法である。実際に難しいのは、現在の長久手の市民生活や地域運営のどの部分をどのように伸ばしていくのか、あるいは、変えていくことが必要なのかを判断していくことにある。そこで、長久手市は、まず、現在の市民生活とまちの状態を確かめるための現状把握を目的とした「長久手市の幸せ実感アンケート調査」を市民有志と市役所職員の混成チームを編成し、実施することにしたのである。

　ながくての幸せのモノサシづくりは、単年度で完成する取り組みでは決して

```
┌─────────────────────────────────────────────┐
│ 目指す方向:一人ひとりの幸福度が高い「日本一の福祉のまち」│
└─────────────────────────────────────────────┘
```

```
┌──────────────────────┐  ┌──────────────────────┐
│ [まちづくりのキーワード]│  │ [市民生活のキーワード] │
│  居場所 役割 助け合い │  │ 健康 余暇・趣味 食事 睡眠│
│  生きがい 充実 安心 安全│  │ 家計 仕事 利便性 子育て │
│ 自然 地域のつながり 家族の絆 など │  │ 近所づきあい 防犯 防災 など │
└──────────────────────┘  └──────────────────────┘
```

```
┌─────────────────────────────────────────────┐
│ ①まちづくりの目指す方向に向かって進んでいるか？ │
│ ②市民生活の状況を把握していけるか？           │
│   ⇒これらをみんなで確認する尺度「道具=モノサシ」づくりが必要では？│
│   ⇒現状把握、課題発見、過去の振り返り、打開策検討に活用│
└─────────────────────────────────────────────┘
```

図2　ながくての幸せのモノサシの位置づけ

なく、中長期にわたり、長久手市の行政のあり方を変革していくためのひとつの取り組みとして始められた。複数年かけての活動として捉えられ、次の二つのステップから構成されている。

　第1のステップは、長久手市の地域社会の現状調査であり、これをベースライン調査と呼んでいる。ベースライン調査を実施することで、長久手市民の生活現状を多面的に把握し、2040年に長久手市が目指すまちを実現するためには、どこに強みがあるのか、または、どこが課題なのかを明確にし、結果を長久手市民に共有していくことを目指している。

　第2のステップは、長久手市の目指す幸せな地域社会の将来の姿を具体化していく段階である。第1ステップのベースライン調査によって把握した強みと弱みをもとにして、長久手のまちが一人でも多くの市民が主体的によりよい生活をおくることのできる地域社会として発展していくために欠かせない具体的活動の種を集め、広く市民に情報を共有していくことを目指している。

　次に、第1ステップのながくて幸せ実感調査隊の活動に焦点を絞り、協働型

アクションリサーチの実際を論じる。

2.2 ステップ1：ながくて幸せ実感調査隊の活動

長久手市が2013年度から2014年度にかけて取り組んだながくて幸せ実感アンケート調査について、調査メンバー、調査隊の活動、アンケート調査方法、調査結果について概観する。

まず、調査メンバーをどのように結成したのかを説明しておく。長久手市のアドバイザーを引き受けた筆者の市民向けの講演と市民ワークショップを企画、それに参加した市民を中心として、ながくて幸せのモノサシ作りの活動への参加希望者を公募し、市民メンバー11人と市役所の若手職員10人の21人によるながくて幸せ実感調査隊が結成された。

また、本調査隊の運営については、長久手市経営管理課、（社）地域問題研究所と筆者がアドバイザーとして事務局活動に参画した。事務局は、調査隊の進め方を構想し、資料準備などのロジを担当した。本調査隊の活動プログラムは事務局主導で行うこととしたが、調査隊活動の方向性は、調査隊メンバーによる具体的な提案をもとに進めていくことにした。

調査隊の活動は、表1に示すように、2013年10月から2014年8月まで10ヶ月にわたり、平日の夜に2～3時間かけて、調査方法の検討、調査データの分析、報告書作成を行った。もともと、調査隊の活動は、立ち上げの段階では、調査アンケート作成を目的としていたのだが、調査後の調査データ分析や報告についても調査隊が主体的に取り組むこととなり、10ヶ月に及ぶ活動となった。

表1　ながくて幸せ実感調査隊の活動実績

回	年月日	内容
第1回	2013.10.28	ワークショップ「将来の望ましい長久手の姿を考えよう！」
市民まつり	2013.11.10	市民インタビュー「ながくて市民の幸せ集め」
第2回	2013.11.25	ワークショップ「幸せ実感アンケートづくりに入ろう！」

(151)

第3回	2013.12. 9	ワークショップ「今日もアンケートをつくろう！」
第4回	2013.12.20	討議「質問項目を選ぼう！」
第5回	2014. 1.29	討議「みんなでアンケート票を直そう！」
第6回	2014. 2. 6	討議「今日もみんなでアンケート票を直そう！」
第7回	2014. 2.12	発表「完成したアンケート票を発表して市長に渡そう！」
第8回	2014. 5. 9	ワークショップ「集計結果から見えてくること、分析したいことを考えよう！」
第9回	2014. 7. 4	討議「幸せ実感調査隊の活動を振り返ろう！」
第10回	2014. 8.22	ワークショップ「アンケートの活用方法を考えよう！」

10ヶ月に及んだ調査隊の活動は、次のように整理できる。

① 市民のよき生活に欠かせない要素を確定
- 幸福研究の知見を参考にして、8つの領域を選定
- 調査隊メンバーにより、領域ごとに、長久手の市民生活を具体化
- アンケート用の設問づくり

② ながくて幸せ実感調査の実施
- アンケート設問票作成～依頼文・体裁
- アンケート実施
- アンケート回収・入力

③ アンケート調査の分析と発信
- アンケートデータの分析～気づきと探求
- アンケート結果のまとめ
- データの活用と発信～報告書、広報など

2.3 ながくて幸せ実感アンケート調査の実際

次に、幸せ実感アンケート調査の実際についてまとめておく。調査隊によってアンケート票が作成され、市役所が市民対象のアンケート調査を実施した。調査対象者は、ランダムサンプリングによって抽出した18歳以上の長久手市

民 5,000 人を対象とし、2014 年 2 月 28 日～3 月 24 日に郵送方式で実施した。有効回答数は 1,871 人（有効回答率 37.4 ％）であった。事務局が中心となって、収集された調査票データを表計算ソフトや統計ソフトを活用して、記述統計処理を行った。アンケート票の設問ごとに、度数分布表などの図表を作成し、これらの図表を調査隊のワークショップにおいて大版の模造紙に印刷して提示し、調査隊メンバーに対して、「調査データから長久手の地域生活や長久手市民の生活現状の特色や課題をどう読み取れるのか」、「更に深く分析をすべき点はどのようなものか」を問いかけ、調査隊によるアンケート分析をワークショップ形式で進めた。この過程では、事務局チームは、毎回のワークショップにおける調査隊メンバーの意見を丁寧に集約することに徹し、集約資料を調査隊メンバーに還元することで、更なる分析やまとめにつなげるというスタイルで進めた。このようにして分析を終え、調査隊の分析をもとにした報告書（長久手市 2014）を 2014 年 12 月に完成させた。

　調査隊報告書の内容には触れないが、調査データを下に調査隊が気づいた点をいくつか表 2 にあげておく。長久手市民の幸福度は、全国平均のそれに比べてはるかに高いこと、幸福度を左右するには、収入レベル、家族構成（一人暮らしは幸福度が低い）、健康であればあるほど幸福であることなどが明らかになった。また、日本一暮らしやすい福祉の町長久手市を実現するためには欠か

表2　ながくての幸せ実感アンケートからの気づき

	内容
1	長久手市民の幸福度は高い（長久手市調査：7.41 点、内閣府の調査：6.41 点）
2	長久手市民の幸福度は、健康、年収、家族の存在などが大きく影響、特に 30 歳代の幸福度は高く、子どもの存在が大きいと思われる。
3	地域とのつながりへの意識は高くなく、困ったときの相談相手は市外に多い。地域活動に積極的な人は幸福度が高い。
4	一般単身世帯の幸福度は低い（高齢単身世帯はそれほど低くない）
5	居住年数が長いほど幸福度は低くなる

せない住民の「地域参画の意識」が薄いことが見て取れた。

　報告書をまとめた調査隊メンバーの狙いは、長久手市民、長久手市役所職員にアンケート調査結果を共有し、抽出された長久手の課題を幅広く伝えることで、長久手市をより暮らしやすく、福祉の充実したまちとするために何ができるのかを住民に働きかけていこうとする点にある。

3. 協働型アクションリサーチにおける研究者の役割

　第2章で指摘したように、アクションリサーチにおける研究者の役割は、当事者間の協働を醸成し、発展させていくために、極めて重要である。そこで本節では、長久手市との協働活動において、実践的研究者として筆者が何を考え、どのような行動を取ったのかに焦点をあて、協働型アクションリサーチにおける研究者の役割とはどのようなものかを論じる。

　アクションリサーチは、論文執筆を目的として研究活動をデザインし、実行するわけではない。では、筆者は、ながくて幸せ実感調査隊の一連のアクションリサーチ活動において、研究者として、どのような働きかけを行ったのか。協働活動を進める上で、以下の3つのことを市役所の事務局、調査隊メンバーに対して、活動の初期段階から語りかけるようにした。

　①生活当事者である市民が地域の暮らしの質を高めるという意識を持つこと
　　　地域の将来構想は、専門家ではなく、長久手市民が主体的に取り組むべきこと
　②地域住民と地域の暮らしの特色を十分に理解していくこと
　　　地域の暮らしを知るとは、地域のことをよく知ること。とくに、経済、環境、歴史
　　　文化、生活インフラ、保健医療、教育など、多面的に長久手における生活や地域の
　　　特色を知ることが地域発展のアイデアを見つけることにつながる
　③地域の暮らしに根ざす独自のモノサシを持つ
　　　長久手市住民の地域の暮らしに連動するモノサシづくりを意識すること。地域性を
　　　映し出すモノサシであれば、住民自らが長久手市の生活変化をモニタリングし、ま

第 7 章　協働型アクションリサーチの実践事例

た、評価できるようになる

　このように語りかけ続けた意図は、調査隊の活動を調査隊メンバー自身が、主体的に展開するためであった。確かに、立ち上げの段階では、市役所が呼びかけた調査隊活動であるものの、その活動は、行政の枠組みによって規定されるものでは決してなく、むしろ、活動内容を調査隊メンバーが決定できるという意識を共有していくことを心がけた。なぜなら、アクションの展開には、当事者（＝調査隊メンバー）の内発性が必要不可欠であるからである。ワークショップなどが開始されてからは、筆者は、前半のワークショップのファシリテーションを務め、後半には、事務局メンバーがファシリテーションを担うように支援した。アクションリサーチに関わる研究者は、現場において当事者の持てる力を引き出すことに注力することが求められるのである。

　内発性に関して、特筆すべきは、調査票を作成する段階でのメンバー内での内発性の醸成プロセスである。表 1 で示したように、調査隊の活動は、ワークショップを軸に展開した。その中で、第 5 回と第 6 回のワークショップが短期間のうちに開催されたことがわかる。事務局は、第 5 回のワークショップで調査票作成が完成できると予想していたのだが、調査隊メンバーの活発な意見出しの結果、早急な次回ワークショップの提案が調査隊メンバーから出され、およそ一週間後にワークショップを設定したのである。この動きによって、調査隊メンバーの一体感は確実に増し、モノサシづくりの内発性がより強くなった。また、これ以後、事務局は、調査票によって収集されたデータの分析と報告書まで、調査隊メンバーの主体性に託すことにし、それを支援した。アクションリサーチは、調査計画の実施過程の中で取捨選択していく柔軟性が求められるが、長久手の事例に見られるように、「主体者は誰なのか」、「主体者の意識と活動を高めていくためのどのようなサポートができるのか」を検討していくことが重要なのである。

　協働型のアクションリサーチに関わる研究者が、活動展開のプロセスにおい

(155)

て、注意しておくべき点として、研究者の一方的な知見や提案によって、当事者の主体性を蔑ろにしたり、歪めるようなことがあってはならないという点である。協働するチームの一員として、上下関係ではない水平関係を築き、実践活動を検証、評価、改善していくことに努めていくことが欠かせない。

4. 協働型アクションリサーチの成果
～ながくて幸せ実感調査隊メンバーの気づき～

　ながくて幸せ実感調査隊メンバー自身、調査隊活動に参加することによって、どのような気づきを得たのだろうか。ここで、調査隊報告書に掲載された調査隊の振り返り（「ながくて幸せ実感調査隊の取組を終えて」ながくて幸せ実感アンケート報告書　2014年12月長久手市）の中から2箇所を抜き出して紹介する。

　　新しいまちづくりのために、もっと『大切なこと』を準備してきた！」ということに気づきました。従来こうした取組では、事務局や専門家、学識経験者が中心になるのですが、事務局はあえて細かな段取りを示さず、当初から市民と職員が議論し、アンケートの内容からアンケート調査の分析結果のまとめまで、いつも同じ目線で話し合って来ました。

　　同じテーマに向かい、組織や立場を超えて、市民と「胸襟を開いて」話し合うことの大切さを知る機会となりました。また、市民と行政が知恵を出し合うための場づくりであり、市民と行政がまちづくりのためのパートナーとして、信頼関係を築いていくための一つの試みであったのではないかと思います。

　調査隊メンバーは、幸せのモノサシづくりの活動に関わることによって、新しい公共に欠かせない市民参画の重要性、市役所や研究者・専門家との関係性について、従来の考え方とは異なる見方をするようになったこと、また、協働

に欠かせない信頼関係の構築とそれに必要な話し合う文化の醸成が必要であることを調査隊活動によって体得できたことが見てとれる。協働型アクションリサーチは、研究者のかかわりや働きかけが一助となり、市民の意識変革を促し、また、参加意欲を高め、市民自治力の形成を目指すものであり、ながくて幸せ実感調査隊の取り組みは、その実践事例であるといえる。

5. おわりに

近代市民社会は、よりよき社会の実現を標榜して法制度を体系化し、高い生活の質を実現する国や地域の形成を目指してきた。実際、専門家主導で雇用創出政策、税制度の活用、男女間・民族間の不平等の根絶など様々な社会・経済問題への対策が構想され、適用されてきた。しかし、21世紀の現状は、アメリカを始めとする先進諸国で経済格差や社会階層の問題が深刻化するなど、質の高い社会実現の理想とは程遠く、多くの市民の生活の質の向上にはつながっていない。従来型の政府主導の社会・経済政策は、中長期にわたって有効な処方箋として機能しなくなっていることを示唆している。社会の質を持続的に向上するためには、政府主導から市民主導のアプローチへの転換が必要とされており、具体的に、新しいモデルを提示していくことが求められている。

そこで、本章では、先進国を中心に高まりを見せている生活の質を高める社会づくりの背景を示した上で、愛知県長久手市の幸せのモノサシづくりと幸せ実感調査の取り組みを紹介し、市民主導の社会進化の必要性について論じてみた。

長久手市の幸せのモノサシづくりの実践で特筆すべき点は、長久手市の新しいまちの方向性とビジョンを明確にした上で開始された行政発案の取り組みであること、専門性の求められる活動とされてきた社会調査活動を一般市民と行政職員の協働チームの活動によって実施するように変えたこと、さらに、調査結果を活かして、長久手市のまちづくりの活動を継続展開していること、の3

点にまとめられる。

　まず、幸せ実感調査隊の活動は、何から何まで、行政がお膳立てをして、そこに市民が参加する、という類のものではないということである。行政は、調査隊の立ち上げ、会議設定、会議資料の準備などを担当したが、調査隊の話し合いの場では、調査隊メンバー同士の熱い意見交換を黒子として支え、少しずつ進化させていった。幸せ実感調査隊が中心になって、幸せ実感調査の設計、調査票の作成、収集データの分析、そして、報告書の取りまとめを行ったが、個々のメンバーの独りよがりの視点で物事を捉えるのではなく、さまざまな長久手市民の視点を想像したり、市民の声を拾い上げるなどの工夫を施していた。たとえば、実感調査票をまとめる際、ながくての幸せの要素を絞り込むために、長久手市民の声を積極的に集めようという意見が出て、調査隊メンバーがながくて市民祭りの会場に繰り出し、「あなたにとっての幸せ」を集約していった。幸せ実感調査の調査票の設計の際、これらの市民の声が活かされた。

　地方自治体が調査を実施する場合には、研究者やコンサルタントに調査設計や調査データ分析や報告書作成を委託することが多い。水質問題の調査であれば、水の専門家に任せるわけである。しかし、特定のくらしを評価する場合には、誰が専門家であるべきなのか。幸せ実感調査を調査隊メンバーが作り上げていく過程に参加し、メンバーが出すアイデアや意見の的確さに感心し、メンバー同士の真剣かつ誠実な意見の出し合いや「長久手におけるよい生活やよいまちの状態や条件は何か」を具体化していく作業を通じて、長久手の幸せ実感を探っていくための専門家とは、紛れもない長久手市の市民自身が長久手のまちで暮らす「生活当事者＝専門家」であるということを確信させてくれたのである。

　また、幸せ実感調査隊の取り組みから、行政も実に多くを学ぶことができたといえる。行政の立てる活動計画に、市民に参加してもらうだけではなく、市民が自発的に行動計画を出し合って、協働活動を主体的に進めていくことこそ、行政にとっても頼りになるという実感である。

（158）

第7章　協働型アクションリサーチの実践事例

　2015 年度からは、幸せ実感調査隊の活動は、幸せ広め隊の活動へと引き継がれている。長久手のまちに住む人や組織の活動の中から、幸せ実感の高い住みよいまち長久手の実現に導く種や芽を集める活動である。「長久手人（ながくてびと）」を発掘し、将来の長久手には、数多くの長久手人がいる地域になることを目指そうという心意気を感じさせる活動である。幸せのモノサシを創ることは、無味乾燥な数値を並べることではなく、生活行為そのものが幸せを実感できる場になっていくことを目指す連続的なアクションである。

　地域社会の質を高めるためには、行政主導の政策形成と適用だけでは限界がある。地域社会の更なる発展のためには、一人ひとりの市民が身近な生活地域に関心を向け、健康な地域を創りだし、それを担っていくという意志と行動が求められている。一人でも多くの人が主体的に質の高い生活をおくることのできる社会の質の高い地域を創りあげていくためには、研究者も研究室に閉じこもるのではなく、自らさまざまな地域社会の実践活動に深く関わり、市民とともに協働することで、自らの知見や知識を提供し、また、新たな発想を見出していくことができる。そうすることによって、科学としてのアクションリサーチの手法開発や実践における知見の蓄積につながっていくと期待される。

注　記

1)「安心度」「利便度」「快適度」「富裕度」「住居水準充実度」の 5 つの観点に分類し、採用された 15 の指標について、それぞれ平均値を 50 とする偏差値を算出、その単純平均を総合評価としてランキングしたものである。

引用・参考文献

東洋経済新報社、『都市データパック 2017 年版』、2017 年。

長久手市行政経営部経営管理課、『ながくて幸せ実感アンケート報告書』、長久手市、2014 年。

https://www.city.nagakute.lg.jp/keiei/siawasenomonosashi/documents/
　nagakutesiawasejikkanannke-tohoukokusyozennpen.pdf(2017 年 8 月 1 日アクセス).

執筆者紹介（執筆順）

草郷　孝好（くさごう　たかよし）関西大学社会学部教授［第1章、第2章、第7章］
愛知県生まれ。ウィスコンシン大学マディソン校大学院博士課程修了（PhD：開発学）。
世界銀行、明治学院大学、北海道大学、国連開発計画、大阪大学を経て、2009年より現職。著書に『GNH（国民総幸福）－みんなでつくる幸せ社会へ』（共著、海象社　2011年）、『社会的信頼学』（共著、ナカニシヤ出版　2016年）、論文に「豊かさの再検討－「幸福－公正－環境」を統合する実践知の必要性－」（『環境社会』169号　2013年　pp.5-14）など。

上田　一紀（うえだ　かずき）静岡県立大学短期大学部一般教育等講師［第2章］
石川県生まれ。関西大学大学院社会学研究科博士後期課程単位取得退学。修士（社会学）。放送局（ローカル局）に勤務したのち、関西大学大学院社会学研究科博士課程に在学し、2019年より現職。専門は、情報法・メディア法。論文に「合衆国憲法修正第1条『編集の自由』の保障とその周縁」（『人間科学』第86号 2017年）など。

岡　絵理子（おか　えりこ）関西大学環境都市工学部教授［第3章］
大阪府生まれ。大阪大学大学院工学研究科博士後期過程修了。博士（工学）。設計事務所、都市計画コンサルタントに勤務した後、大阪大学大学院工学研究科内講師、関西大学工学部准教授を経て、2016年より現職。専門は住宅計画、都市計画、まちづくり。著書に、『八重山地方の文化をさぐる－集落・住まい・人－』（共著、関西大学出版）、論文に「大阪市の谷町地区市街地改造事業の事業過程と45年目における検証」（都市計画　別冊　都市計画論文集50 (3))、「祭りの舞台となる町並み・住まいに関する研究－橿原市八木地区の愛宕祭を事例に」（日本建築学会計画系論文集79 (703)）など。

松井　修視（まつい　しゅうじ）関西大学社会学部名誉教授［第4章］
佐賀県生まれ。福岡大学大学院法学研究科博士後期課程修了。法学修士。大分県立芸術文化短期大学、県立長崎シーボルト大学（現在の長崎県立大学シーボルト校）、関西大学社会学部を経て、2019年より大和大学政治経済学部教授。専門は憲法、行政法、情報法。著書に『レクチャー情報法』（編著、法律文化社 2012年）、『よくわかるメディア法』（共著、ミネルヴァ書房 2012年）、『表現の自由Ⅱ－状況から』（共著、尚学社 2011年）など。論文に『特定秘密保護法、マイナンバー法を手がかりに最近の言論空間を考える』（『マス・コミュニケーション研究』第89巻 2016年 pp.3-19）など。

宮本　匠（みやもと　たくみ）兵庫県立大学大学院減災復興政策研究科講師［第5章］
大阪府生まれ。大阪大学大学院人間科学研究科博士後期課程修了。博士（人間科学）。日本学術振興会特別研究員（PD）、京都大学防災研究所特定研究員、兵庫県立大学防災教育研究センター講師を経て、2017年より現職。専門は、災害復興やボランティア研究。著書に、『現場でつくる減災学』（共著、新曜社）、論文に「現代社会のアクションリサーチにおける時間論的態度の問題」（『実験社会心理学研究』第56巻 2016年）など。

室田　信一（むろた　しんいち）首都大学東京都市教養学部准教授［第6章］
東京都生まれ。同志社大学大学院社会学研究科博士後期課程修了。博士（社会福祉学）。NPO法人三島コミュニティアクション・ネットワークにてコミュニティソーシャルワーカーとして勤務したのち、日本学術振興会特別研究員（PD）を経て、2012年より現職。専門は地域福祉論やコミュニティ・オーガナイジング研究。著書に、『問いからはじめる社会福祉学』（共著、有斐閣）、論文に「地域共生社会とコミュニティ・オーガナイジング」（『にじ』No.660）など。

(161)

関西大学経済・政治研究所研究双書 第167冊

市民自治の育て方
～協働型アクションリサーチの理論と実践～

2018（平成30）年 3 月20日　第 1 刷発行
2019（令和元）年 5 月 1 日　第 2 刷発行

編　著　者　　草　郷　孝　好

発　行　者　　関 西 大 学 経 済・政 治 研 究 所
　　　　　　　〒564-8680　大阪府吹田市山手町 3 丁目 3 番35号

発　行　所　　関 西 大 学 出 版 部
　　　　　　　〒564-8680　大阪府吹田市山手町 3 丁目 3 番35号

印　刷　所　　協 和 印 刷 株 式 会 社
　　　　　　　〒615-0052　京都市右京区西院清水町 13

Ⓒ2018　Takayoshi KUSAGO　　　　　　　　　　Printed in Japan

ISBN978-4-87354-670-4　C3036　落丁・乱丁はお取替えいたします。

Economic & Political Studies Series No.167

Cultivating Local Autonomy ~Collaborative Action Research: Theory and Practice~

CONTENTS

I Collaborative Action Research as Cultivating Local Autonomy: Needs, Definition, Characteristics and Potential.............. Takayoshi KUSAGO

II Finding Key Elements and Practical Wisdom of Collaborative Action Research:
Acquiring Knowledge from Research Seminars on Action Research
.... Takayoshi KUSAGO & Kazuki UEDA

III New relation of people and town "Machizukuri" :
Bundle up personal activity .... Eriko OKA

IV Reflections on the Practical Use of Open Data and an Active Citizenship Initiative: Tracing "Open Data 2.0" Strategy and "Basic Act on the Advancement of Utilizing Public and Private Sector Data" in Japan
.... Shuji MATSUI

V Action Research on Disaster Recovery: Five Tools for Endogenous Disaster Recovery .... Takumi MIYAMOTO

VI Action Research on Leadership :
Leadership Development in Community Organizing··· Shinichi MUROTA

VII A Practical Case of Collaborative Action Research: Nagakute-city's Well-being Indicator Development Project .... Takayoshi KUSAGO

The Institute of Economic and Political Studies

KANSAI UNIVERSITY